天津市社会科学项目（项目编号：TJXC15-008）

天津对外宣传
创新研究

殷　莉　刘福笑　刘祎祎
刘梦月　王泽帅　著

天津外宣工作调研报告　　天津外宣与互联网上的天津　　天津外宣与国家形象

上海交通大学出版社
SHANGHAI JIAO TONG UNIVERSITY PRESS

内容提要

  本书是一部从互联网角度研究天津市对外宣传工作及其效果的书籍,除绪论外,还包括天津外宣工作调研报告、"天津外宣与互联网上的天津"和"天津外宣与国家形象"三部分内容。书中关于天津蓟县大火和天津港重大火灾事故框架效应分析,是根据新浪微博上的原创数据完成的,具有很高的学术价值和现实意义。该书还包括2018年天津媒体微信公众号矩阵分析,"津政直通车"栏目2018年1—4月报道内容分析,2018年天津"夏季达沃斯"和"外眼看天津"中天津媒体的报道内容分析等,是运用大数据抓取与分析技术完成的,在学术研究方法上具有突破意义。

图书在版编目(CIP)数据

天津对外宣传创新研究/ 殷莉等著.—上海:上
海交通大学出版社,2019
ISBN 978-7-313-22799-7

Ⅰ.①天⋯　Ⅱ.①殷⋯　Ⅲ.①对外政策-宣传工作-
研究-天津　Ⅳ.①D827.21

中国版本图书馆 CIP 数据核字(2019)第 298454 号

天津对外宣传创新研究
TIANJIN DUIWAI XUANCHUAN CHUANGXIN YANJIU

著　　者：殷　莉　刘福笑　刘祎祎　刘梦月　王泽帅

出版发行：上海交通大学出版社		地　　址：上海市番禺路 951 号
邮政编码：200030		电　　话：021-64071208
印　　制：江苏凤凰数码印务有限公司		经　　销：全国新华书店
开　　本：710 mm×1000 mm　1/16		印　　张：10.25
字　　数：169 千字		
版　　次：2019 年 12 月第 1 版		印　　次：2019 年 12 月第 1 次印刷
书　　号：ISBN 978-7-313-22799-7		
定　　价：58.00 元		

序 | PREFACE

十年前,殷莉出版过一本对天津的城市形象进行研究的著作,现在她带着一个课题组完成了《天津对外宣传创新研究》,把自己这方面的研究大大推进了一步。

殷莉教授为自己所在的城市的事务和问题进行研究,提升天津的影响力,是值得称道的。其实,通过一个区域也能看到全国,研究如何提升区域形象和如何提升国家形象是紧密相连的。

通过这项研究我们可以看到天津外宣工作上的规模和可喜成绩。天津日报传媒集团、今晚传媒集团和天津广播电视台国际频道等媒体机构都担负着外宣任务。比如今晚传媒集团已在 29 个国家和地区创办了 50 块海外版,成为向海外读者报道中国和天津、传播中华文化的一条重要渠道。这 50 块海外版中有 23 块是外文版,包含 7 种语言,因而,今晚传媒集团也成为我国拥有海外版最多的地方媒体。因承接国家外宣任务,今晚传媒集团多次得到中宣部国际联络局的肯定,2011 年荣膺国家新闻出版总署授予的全国"走出去"先进单位称号。天津广播电视台国际频道做到既"走出去",又"请进来",比如邀请 CNN、BBC 等世界主流媒体报道团队报道天津,产生了海外媒体聚焦天津的宣传效应。

殷莉的这项研究根据对融媒体时代天津媒体外宣工作的调研结果,将课题内容分为"天津外宣与互联网上的天津"和"天津外宣与国家形象"两部分,在不同的时段对天津和全国一些大的媒体做了量化研究,对世界知名的媒体也进行了量化研究。这样做是颇费精力和时间的,正因为如此,得出的结论是可信的,实事求是的,并无溢美之嫌。例如该研究证明,"关于今日天津,受访者获知内容与央媒内容高度重合,从天津媒体上获知比率不及 5%,年轻人也是如此。在突发事件中,天津媒体稿件被转发概率很低,央媒在突发事件报道和引导舆论方面发挥主力军作用。可见,天津对外宣工作的改进还有很大的余地。"

课题组采用了实地调研、问卷调查和大数据内容分析等三种实证研究方法,完成研究报告。对于蓟县莱德商厦火灾、天津港火灾爆炸事故做了详细的比较研究。对于前者,天津媒体迟迟不肯报道,对死亡人数遮遮掩掩,在网络舆情掀起多次高潮,形成步步紧逼之势下,媒体十分被动,城市形象也受到损害。而媒体对天津港火灾的报道十分及时,死亡人数根据递增情况及时予以报道,网上舆情仅在事发后第二天达到高潮,之后一直显得平稳,并渐渐回落。这说明,前一种做法只能使媒体被动,使城市形象变差,后一种做法则让媒体主动,并有助于改善城市形象。

殷莉的研究报告中有个标题是"洋眼看天津",我对这个标题很感兴趣。我认为,对外宣传无论用"走出去",还是用"请进来",既然对外宣传中的稿件都是给国外的受众看的,那就要重视研究国外受众的眼光。国外受众认为,宣传就是说一面话,如同广告,只说好,不说坏,因此,他们讨厌宣传(Propoganda)。他们要看客观公正的报道,他们认为,报道就是说两面话,有好的就说好,有不好的就说不好,当然不是好和不好都说得一样多,但至少要提到不好的那一面。对于请进来的记者,既要向他们详细介绍我们的成就,也不回避我们的问题,不要花很多精力去防止人家看到我们的阴暗面。否则,只是用很高的成本换来很差的对外宣传效果。

改革开放以后,胡乔木指示新华社的一个刊物《对外宣传》改名为《对外报道》。进入新世纪,我们在很多场合,都把宣传中国的成就,说成讲好中国故事,这说明我们已经意识到我们应该尽量少讲宣传,尽量在报道中消除或减少宣传味。

胡乔木还说:希望新华社和广播电台的对外报道系统地研究一下美国之音和英国广播公司的经验,以便进一步改进工作。他还希望新华社把对外报道的经验同样成功地推广到对内报道上来。美国之音的经验是什么呢? 20 世纪四五十年代,美国之音的宣传是赤裸裸地叫嚣反共,后来,越来越多的人认为这种宣传是失败的。以致有的台长(如亨利·鲁麦斯)为抵制这样的宣传方针而愤然辞职。20 世纪 70 年代,美国之音改变了报道方式,执行"准确、客观、广泛"的报道原则,搞"事实性新闻""平衡性新闻",以及把新闻和评论完全分开等,这种做法更加有利于它作为"美国的声音"。

毛泽东在《反对党八股》一文中说过："真想做宣传，就要看对象。"但是长期以来，新闻工作者怕犯错误，怕吃力不讨好，按照对内宣传的方法进行对外宣传，积习难改。随着中国经济实力不断增强，我们有必要，也有能力、有条件纠正对外宣传中的弊病。不纠正这种弊病，投入再多的资金和人力成本，也会收效甚微，稿件很多却很少落地，或者只能出现于少量华文媒体中，即便这样，受众也是一眼扫过，说一声"纯系宣传"，稿件虽入受众之眼却不能入受众之心。

在对外宣传中，有些人至今追求"稿件满满正能量"，可是这样的稿件往往发出后落不了地，即便侥幸被用，也是"入眼不入心"。这样做，正能量可能一分也发挥不出来。如果我们用外国受众习惯的方法，在表现了七八分正能量的同时，表现了两三分"负能量"（问题和缺点），这样，那份稿件最终可能有六七分正能量传递到受众那里，这不是很划得来的事吗？当然，这需要外宣工作者和管理外宣工作的领导更新观念，才能做出那样划得来的事。

我就这个问题谈了一些感想，并无渴求殷莉这项研究之意。我只是希望她或其他学者将来能继续做这样的入眼、入心的效果研究，使我国的对外宣传更加注重实效。只有在这个基础上，胡乔木所希望的"新华社和广播电台的对外报道系统地研究一下美国之音和英国广播公司的经验"才能得以落实，才能切实改进我们的对外报道工作，从而提升我国的文化软实力。

孙旭培

2020 年 1 月 3 日

目 录 CONTENTS

第一章　绪　论

天津作为中国四大直辖市之一，有着优越的自然区位、丰富的自然资源、雄厚的产业基础、良好的政策环境和突出的开放优势，一直以来吸引着众多目光。近几年来，"京津冀协同发展"、"一带一路"倡议、自贸区建设、国家自主创新示范区建设、滨海新区加快开发开放等五大战略机遇汇聚天津，使天津再度成为海内外关注热点。

习近平总书记在全国思想宣传工作会议上指出，"要精心做好对外宣传工作，创新对外宣传方式，着力打造融通中外的新概念新范畴新表述，讲好中国故事，传播好中国声音。"这一重要论述为天津做好对外宣传工作提供了方向和目标。

近些年，天津媒体发展年年有动作，年年上台阶。2017年3月31日"津云"中央厨房（天津媒体融合项目）正式启动运行，2018年11月，天津市委市政府组建海河传媒中心，按照"紧密型、两分开、融媒体、集约化"的原则和目标进行媒体改革。与此同时，天津外宣在深度与广度上有所拓展，报道质量、数量不断提升。天津电视台电视品牌栏目《泊客中国》作为中宣部外宣重点推荐栏目成功走出国门，作为大陆第一家也是唯一一家联合国协议制作方，参与联合国电视台的创作和作品播出，面向联合国全球合作媒体播出；天津电视台国际频道精心制作的大型纪录片《大地之子：梁斌·时间·100年》《南开与中国》等作品也获得了海内外较高赞誉；在天津广播电视台联合中国国际广播电台英语中心、天津市滨海新区宣传部共同主办的"外籍记者走进滨海新区"大型采访活动中，来自世界各国的十几位记者，共发报道40余篇，在广度和热度上进一步加强了天津滨海的宣传报道；借助中国国际广播电台播发的《全景中国——天津篇》获得海外受众的认可与好评。

2019年4月是天津外宣的高光时刻。4月16日，外交部举办天津全球推介活动，主题为"新时代的中国：活力天津　走向世界"。中央政治局委员、天津市委书记李鸿忠在致辞中表示,党的十八大以来,习近平总书记亲自谋划京津冀协同发展战略,为天津发展注入强大动力,提供了千载难逢的历史性发展机遇。天津将在习近平总书记要求的"创新、协调、绿色、开放、共享"理念指引下,持续扩大对外开放,深度融入"一带一路"建设,加强与世界各国多领域交流合作,共同书写新时代合作发展、互利共赢的新篇章。国务委员兼外交部部长王毅表示,天津是中国近代工业文明的先驱,近年来,天津坚决贯彻新发展理念,改革开放事业呈现出蓬勃生机。习近平总书记提出"一带一路"倡议后,天津作为"一带一路"建设的海陆交汇点,作为新亚欧大陆桥经济走廊的重要节点,又一次站在了新一轮改革开放的最前沿。天津市市长张国清从现代交通物流、营商环境、产业体系、科教资源、历史文化、生态建设等方面推介了天津,欢迎中外各界人士与天津共享机遇、共赢发展,共创美好未来。150多个国家的驻华大使、国际组织驻华代表及工商界代表、中外专家学者和媒体记者等500余人出席活动。

然而,除了努力和成绩,还应看到总体上外媒对天津的报道较少,天津媒体宣传天津的工作还有很多升级的空间。地区的外宣工作是国家外宣工作的一部分,离不开国际传播这个大环境。当前国际政治的话语权仍然主要掌握在西方尤其是美国手里。在我国与西方实力差距逐渐缩小的同时,也出现了"中国威胁论"等一些杂音,影响了包括中国人在内的世界各国人民对中国问题的看法,许多论调还严重影响着中国的国家形象和利益。具体到天津市,如何通过外宣活动消减杂音,用柔性和隐蔽的方式,为国家利益服务,助推天津发展,加快活力天津建设,具有重要的现实意义。

本书从天津媒体对外宣传工作调研入手,对天津外宣工作的两项重要任务展开了研究。研究成果对于天津媒体如何始终把正确导向放在首位,服从服务于全党全国的工作大局,提升国家文化软实力,主动精彩讲好天津故事,加强国际传播能力建设,推动文化走出去提质增效,努力营造良好国际舆论环境,具有理论意义和实践价值。

天津媒体外宣工作包含两部分内容,一是对外讲好天津故事,二是完成国家外宣任务。据此,课题组作了文献综述,下面分别述之。

一、关于"天津对外传播"的文献综述

在中国知网搜索关键词"天津"且含"对外传播",课题组得到文献12篇,其

中与本研究相关的文献有 6 篇,分别是:马路遥的《天津港爆炸事件中我国地方政府对外传播效果研究》,郑勇的《天津漆艺对外文化艺术教育的输出途径与传播研究》、黄辉等的《浅谈公益广告在对外传播"美丽天津"中的应用策略》、刘琳的《"美丽天津"对外传播研究》、仇筠茜、韩淼的《独白、对话与推送——新华社海外社交媒体天津爆炸案报道分析》,王若琳的《〈中国日报〉突发灾难事件对外报道现状研究——以"8·12"天津爆炸事故为例》等。内容与天津外宣相关的书籍是殷莉的《区域形象的塑造与传播策略》。

这些文献中有 2 篇论文及 1 部专著与天津城市形象传播有关,4 篇论文与天津港爆炸事故的宣传有关。

关于天津城市形象研究,殷莉在专著《区域形象的塑造与传播策略》中,采用内容分析法,以《天津日报》《今晚报》《人民日报》《经济日报》《中国日报》(China Daily)五家媒体的新闻文本为研究对象,选择 2006—2008 年三个整年为研究时段,从政府形象、经济形象、文化形象、人的形象和城市吸引力五个角度对天津城市形象的塑造和传播进行了调查研究,得出如下结论:本地及全国媒体对天津城市形象传播是弱传播状态。该书以认知成分理论为理论视角,指出新闻对受众认知结构的作用,并据此提出了城市形象的塑造策略;以社会认知效应理论为视角,对处于弱传播状态的城市传播策略进行了研究。黄辉等的《浅谈公益广告在对外传播"美丽天津"中的应用策略》从"美丽天津"的重要性以及目前"美丽天津"对外传播的媒介载体和方式入手,分析公益广告在天津对外传播中的作用,给出了一系列主要的策略,如制订"美丽天津"对外传播的媒体组合策略、进行媒介时机分析等。刘琳《"美丽天津"对外传播研究》以 5W 模式为依托,从传播主体、传播方式、传播渠道、传播内容四个维度研究了如何进行对外传播,并针对出现的问题给出相应建议。

关于天津港爆炸事件的对外宣传,马路遥在《天津港爆炸事件中我国地方政府对外传播效果研究》一文中,以议程设置理论和新闻框架理论的高中低三个层次,分析了天津港爆炸事件中地方政府的传播行为,在对新闻发布会、国外主流传统媒体报道和社交媒体发布等方面进行内容分析之后得出:在公共危机事件发生后,天津市政府和传统媒体进行了议题设置,但是没有得到正面传播效果。国际媒体的相关报道对地方政府呈现负面评价,指出我国地方政府在危机事件对外传播中存在速度慢、态度不明、透明度不高、可信度缺乏、预设度不够等问题。爆炸事件中天津市政府对外传播失语的原因可以归纳为全能型政府职能思维过强、新闻发言人制度不健全、互联网时代信息流难以掌控、媒体报道滞后等方面。地方政府提高对外危机传播能力的对策分为新闻发言人职业化、信息发布全面公开、新媒体创新模式和主动议题设置、良好沟通等方面。

仇筠茜、韩森在《独白、对话与推送——新华社海外社交媒体天津爆炸案报道分析》中,对新华社推特网(Twitter)账号"China Xinhua News"和脸谱网(Facebook)账号"Xinhua News Agency"在爆炸案发生一周内(2015 年 8 月 12—19 日)推送的与天津爆炸案相关的信息样本进行了分析,得出结论:海外宣传要在传播动因机制的独白、对话和多边三种类型中找到适合中国的类型。中国对外宣传可以在亲民的"对话"中保持"独白"的权威感,同时尝试"推送式"传播,实行差异化的信息推送,以达到更好的传播效果。

王若琳在《〈中国日报〉突发灾难事件对外报道现状研究——以"8·12"天津爆炸事故为例》中,选取《中国日报》在天津爆炸事故发生后一个月内的 63 篇报道,从报道数量、版面分布、报道类型、报道角度、报道主题框架、信息源、图片 7 个维度进行内容分析,对首篇报道进行话语分析。文章指出了该报在突发事件对外报道中的不足之处,但没有就此问题提出相关建议,仅对目前报道现状进行了陈述。

关于天津对外宣传,还有一篇论文,即郑勇的《天津漆艺对外文化艺术教育的输出途径与传播研究》,着重选取天津漆艺作为天津对外传播的一个方面,分析漆艺的传播与传承策略。

二、关于国家对外传播的文献综述

课题组梳理了近 5 年(2014—2018 年)国家社会科学基金项目(以下简称国家社科项目)涉及对外传播研究的文献资料,发现国家社科项目以传播者研究居多,受传者研究和传播效果研究数量较少,媒体合作研究也很少,未见有关国内一二线城市的对外宣传研究。

2014—2018 年国家社科项目中涉及对外传播的,有中国书法、中国价值观传播、汉语国际传播、"一带一路"倡议、中俄媒体合作、中医药文化、孔子学院、中国春节、中国故事、中国南海问题等。

(一)中国元素研究

2014—2018 年国家社科项目对外传播研究中关于中国元素的主要研究有:

1. 中国价值观全球传播研究

在对外传播过程中,必然涉及国家价值观的传播。梁德学、唐润华的《媒介技术演进与中国价值观国际传播的路径创新》认为,国家价值观主要指一个国家在漫长的历史过程中积累的具有群体认同基础的共同价值信仰,它建立在国民心理、情感和道德义务基础上,是作为一种价值知识、实践准则与价值理想系统而存在的。张恒军、唐润华的《中国价值观全球传播的新契机和新逻辑》强调,国家利益始终是对外传播的最高准则。

2. 汉语国际传播研究

吴应辉、何洪霞在《东南亚各国政策对汉语传播影响的历时国别比较研究》中,就东南亚各国政策对汉语在东南亚传播影响的百年历史进行历时国别比较研究,指出一个多世纪以来东南亚多国政策对汉语国际传播的影响具有"波段共振性"特点。"波段共振性"主要表现为三起两落,可大致划分为五个阶段:20 世纪初到 20 世纪 20 年代末为自然发展时期;20 世纪 20 年代末至 40 年代中期为严厉管制时期;20 世纪 40 年代中期至 50 年代末为恢复发展时期;20 世纪六七十年代为遭受打压时期;20 世纪 80 年代以来为良好发展时期;进入 21 世纪以来,汉语在东南亚传播速度明显加快。此外,作者将中国与东南亚各国关系的发展轨迹与汉语在东南亚传播发展的轨迹进行对比,发现两者也具有共振性:国家间的外交关系决定语言国际传播的大方向,国家意志是影响外语在本国传播的重要决定因素。作者在文中提议,要充分认识东南亚在全球汉语传播中的重要性和特殊地位,要在需求调研基础上做好顶层设计,加强中国与东南亚各国的交流与合作,尊重需求,区别对待,充分利用市场机制,引入汉语传播相关机构参与体系服务,使东南亚成为汉语和中华文化走向世界的引领示范区域。

刘明阳在《"一带一路"视野下对外贸易与汉语传播的相关性探析》中,选择来华留学生规模和对华双边贸易都持续稳定发展的国家,即美国、俄罗斯、日本、韩国、泰国、印度尼西亚六国,将双边贸易额和来华留学人数进行比对,探究发现,双边贸易数额和来华留学人数显著相关。

3. 关于"一带一路"的研究

"一带一路"研究分传播和语言两个维度。

关于传播维度,唐润华、牛天的《多重交互关系下"一带一路"对外传播的重心与策略》主要研究"一带一路"对外传播中的多重行为主体及舆论场域。基于不同的"一带一路"传播主体,文中引入"利益相关者"这个理论,将利益水平高低与权力高低组合成四个不同区位(见图1-1)。

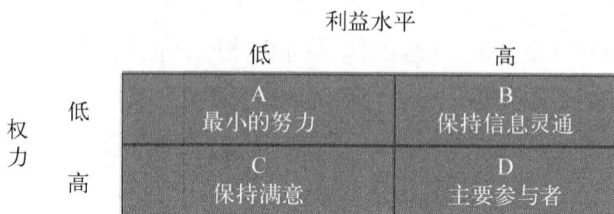

利益水平

		低	高
权力	低	A 最小的努力	B 保持信息灵通
	高	C 保持满意	D 主要参与者

图1-1 利益水平与权力高低组合分布

文章认为,在"一带一路"政策解读和活动传播中常常出现如下几类主体:政府、媒体、项目参与者、其他社会人士等。政府是政策的主要发布者,归于D象限中的"主要参与者"。媒体是政策的传播者,归于A象限中,在"一带一路"传播中可以以"最小的努力"换取传播效果。项目参与者是政策的受益者,应该归于B象限,呈现的特点是"保持消息灵通"。普通民众是政策的推动者,他们是"一带一路"倡议的主要推动者,事件的发生不直接触及其利益,因此应该归于C象限中。文章还进一步分析了"一带一路"传播的国际舆论现状,文章认为,"一带一路"的传播环境十分复杂,在国内直接涉及18个省份,在国际涉及亚、非、欧等洲65个国家和地区,每个国家和地区的经济、历史、文化、宗教等背景因素错综复杂,因此对于"一带一路"倡议的解读和传播会产生不同舆论场间的对接,主要表现为国内外舆论之间的对接以及国内政府和民间舆论场的对接。国内外舆论场的对接方面,我国在国际舆论场中缺乏强势话语权的情况还没有根本转变,在"一带一路"国际传播中,西方媒体对"一带一路"倡议和中国国家形象存在有意或无意的误读现象。国内政府与民间舆论场的对接方面,以政府为主的舆论场域是对政策的宣传和讲解,以民间为主的舆论场域主要是除了政府主体之外的项目参与者、民众等对于倡议和政策的讨论。

关于语言维度,胡开宝、陈超婧在《中国特色大国外交术语英译在英美印等国的传播与接受研究——以"一带一路"英译为例》中,依据批评话语分析理论,探讨了中国特色大国外交术语"一带一路"英译在英美印等国传播与接受的趋势和特征及其背后的意识形态。研究发现,我国政府发布的"一带一路"最新英译"Belt and Road"在英美印等国主流英文媒体报道中的应用愈来愈频繁,且有取代其他英译的趋势。文章认为,英国媒体认可并积极参与"一带一路"战略;而美国媒体在认可"一带一路"战略对于经济发展好处的同时持怀疑的态度,认为该战略会对地缘政治产生负面影响;印度媒体对"一带一路"战略持反对态度①。

4. 讲好中国故事的研究

陈先红在《用中国话语讲好中国故事的回顾与前瞻》中,探究中国故事与中国话语的叙事关系,强调话语的理论化必须从具体的故事文本中开始研究。她认为目前有关讲好中国故事的类型主要可以分为四种:第一种是"讲好国家故事",强调用中国概念(中国特色、中国道路、中国制度、中国理论、中国立场)讲好中国故事。第二种是"讲好媒体故事",特别强调官方主流媒体和网络新媒体。第三种是"讲好国民故事",特别强调讲好中国人的生活故事。第四种是"讲好全球故事",特别强调以自主品牌、电影电视、音乐、体育、民俗节庆、孔子学院、故事城市等多模态叙事为主,积极针对信息需求,选取全球内容,更加接近世界各国不同地区受众心理和文化需求,用对方能够听得懂、愿意听的故事来开展交流、施加影响。文章认为,讲好中国故事,首先要制定讲好中国故事的元叙事传播战略,强调从理论、个案、应用三个方面,进行中国元话语体系的探索研究。

5. 关于中国春节的研究

春节故事作为讲好中国故事的研究样本,具有"元话语"和"开场白"功能,可以引导公众在文化维度上进行符号复诵和多层叙事,对"讲好中国故事"具有良好的示范性和高度的战略价值。胡建斌、陈先红的《春节故事对外传播战略研究》一文围绕春节故事对外传播"说什么、如何说、如何做"这几大问题,沿着"故事样本—话语系统—传播战略"的分析路径,对春节故事的对外传播展开全面、深入的探讨。文章将春节故事视为一个由"故事类型(主题)—故事母题(习俗)—故事文本(成品故事)"构成的故事层级体系。文章按由外及里的文化层次顺序,将春节文化系统划分为三个层次、五个要素:外层——春节文化符号、春节文化产品;中间层——春节文化仪式;内层——春节文化理念、春节文化信仰。这些要素构成了一个不可分割的春节文化有机整体,共同推动着春节文化的生成与发展。关于春节传播战略,文章建议基于"国家"的宏大视角,围绕春节故事话语系统实施春节故事的对外传播战略,其中包括春节吉祥物与"中国年"战略、中国年系列产品开发战略、春节仪式整合战略、春节文化外交实施战略、春节文化信仰传播战略。

---

① 编者注:为保持文章原貌,此处用"'一带一路'战略"的提法,正确提法应为"'一带一路'倡议"。

6. 关于孔子学院的研究

孔子学院的海外影响力是国家影响力的重要部分,两者相互影响,相得益彰,关系着中华文化"走出去"的效果和国家软实力。安然、魏先鹏在《孔子学院跨文化传播模式研究》中将孔子学院的跨文化传播模式总结为人际传播模式、大众传播模式与自建媒体传播模式三类。人际传播是目前孔子学院跨文化传播的主要形式,也是未来孔子学院跨文化传播的重要形式。三种传播模式中,人际传播是根本,保证了孔子学院的跨文化传播效果;自建媒体传播是辅助,帮助人际传播扩大了传播范围,在一定程度上提升了传播效果;大众传播是拓展,扩大传播规模的同时提升影响力。安然、何国华在《孔子学院跨文化传播影响力评估体系建构初探》中首次将跨文化传播能力五要素理论与跨文化适应理论相结合,开展组织与个人层面的跨文化传播影响力研究,并得出以下结论:孔子学院跨文化传播影响力集中体现在由基础层级、传导层级、结果层级所对应的跨文化认知能力、跨文化适应能力、文化展示能力、媒介传播能力、跨文化冲突管理能力等五个维度和相应指标及整个传播过程中。

7. 关于中国南海问题的研究

国际媒体塑造传播的南海问题国际舆论,是中国南海维权必须面对的客观环境。鞠海龙的《中国南海维权的国际舆论环境演变——基于 1982 年以来国际媒体对南海问题报道的分析》指出,欧美澳及东盟国家在南海问题上的政策和立场是当前南海问题国际舆论的主流。涉南海问题国际媒体的地缘分布状况,呈现比较典型的不平衡特征。媒体的相对多数属于美国、英国、澳大利亚、日本等国。报道南海问题的相关国际媒体所在国在地理政治的属性上基本呈现以欧美国家为主的不平衡分布现象。在 2009 年之后,国际媒体关于南海问题的报道数量急剧增加,在 2011 年和 2012 年达到较高的水平,并在接下来的年份里一直维持在一个较高的水平之上。国际主流媒体关于南海问题的报道类型中,报纸和以报纸内容为基本来源的新闻转录是国际传媒平台报道南海问题的主要类型,所占比例高达 86%。中国的国际媒体力量与美国及其盟国的整体力量相比,仍处于明显的弱势地位。

鞠海龙、葛红亮在《2015 年南海国际舆论、外交与安全形势回顾》中指出,2015 年国际舆论层面围绕中国岛礁建设与中菲国际仲裁呈现出"双线多爆点"的特征。

8. 关于中外媒体合作的研究

臧文茜、张举玺在《"一带一盟"与中俄媒体合作的基础与路径》中,探究"一带一盟"背景下中俄媒体机构合作的基础、中俄媒体合作的路径,认为在"一带一盟"全面对接背景下,打造中俄媒体利益共同体,对于进一步推动中俄两国关系发展,增进两国人民之间的友谊,加深相互了解,澄清事实,争取国际话语权,推动构建公正合理的国际舆论新秩序,意义更加重大。

9. 关于中国书法的研究

周斌、颜以琳在《书法的国际传播与实践体系》中,认为从传播学角度来看,中国书法国际传播包含了横向和纵向两个维度。从横向维度而言,书法传播从汉文化圈到汉文化圈次级地带,再逐渐向非汉文化圈层层拓展和延伸;从纵向维度来看,中国书法国际传播在不同层面应该有不同的阶段性任务。在非汉文化圈传播书法,可以在"象—技—道"三个层面分别推进。符号、技法、传统文化,三个层面,三个步骤,循序渐进,依次完成。文章强调重视书法国际传播人才的培养,纵向层面可以分为本科生和研究生两个层次,横向层面可以分为学术型人才和应用型人才。

10. 关于中医药文化的研究

张洪雷、张宗明在《文化强国视域下中医药文化软实力提升路径研究》中,系统论述提升中医药文化软实力的路径主要有:夯实根基,让中医药文化核心价值观深入人心;重塑形象,展现中医药文化独特魅力;加强传播,提高中医药文化国际话语权;扩大交流,提升中医药文化国际竞争力;创新中医文化对外传播方式,创新中医药文化对外传播内容。

11. 关于中国企业形象的研究

林如鹏、刘佩在《"一带一路"愿景下中国企业海外形象传播的危机沟通策略》中,以 2003 年至 2013 年间国际主流媒体针对中国企业海外危机的 673 则新闻报道为分析对象,探讨危机报道归因框架中危机类型、责任层级和危机簇三组变量的关联性,并结合危机情境沟通理论探讨中国企业海外危机沟通的应对战略。研究结果表明,责任层级与危机簇两组变量显著相关,五类新闻框架与责任层级显著相关。而五类新闻框架与危机簇之间没有显著相关性。结合危机情境沟通理论,建议依据危机的严重程度,从否认、弱化、重建三种应对方式中选择应对策略。文章结合危机情境沟通理论探讨媒体应对策略:当企业刚刚走出国门,试水国外市场时面临"受害者危机簇"类情境,即自然灾害、他国政治动乱、谣言类危机及遭遇种种质疑,"否认策略"是更有利的应对策略;当组织面临"事故类危机簇"情境时,最佳应对策略应为"弱化"战略;当中国企业海外形象严重受损,在海外项目所在地引发了当地民众的过激行为时,则应采取积极的"重建"策略。"重建"策略是在发生负面影响较大的危机情境时,采取诚意道歉与承诺未来修正的行动来获取外界的原谅及重新认可。

12. 关于中国化马克思主义的国际传播研究

马克思主义中国化的历史进程,不仅贯通着中国之历史与现实,更关系着世界各国之当前与未来。把中国化马克思主义成果以恰切、顺畅的语言告知世界,有助于对外展示中国发展成就,破解外界对中国的误解、偏见、歪曲,让世界了解一个客观、真实的中国。因此,在构建人类命运共同体的过程中,我们有必要采取更加积极主动的国际传播策略。而增进中国化马克思主义成果国际传播的重要路径之一是做好中国化马克思主义成果的对外翻译工作,推动中国化马克思主义成果"走出去",用中国智慧惠及全球,并使之最终成为世界民众心向往之的精神坐标。

项久雨、胡庆有在《论中国化马克思主义的国际传播策略》一文中指出,做好中国化马克思主义成果对外翻译工作须恪守两项基本原则:第一,把当代中国价值观念对外翻译好、传播好;第二,在聚同化异、共融共通中增进共识。项久雨在《马克思主义理论学科国际传播的问题与策略》中首先论述了马克思主义理论学科国际传播的三点价值意义:一是积极构建马克思主义理论学科的当代国际传播体系;二是加强马克思主义理论学科国际话语体系的创新;三是努力将马克思主义理论学科建设成为世界级学科。

(二)对外传播效果研究

就研究者目力所及,我国有关对外传播效果的研究成果只有1篇。

任迪、姚君喜的《外籍留学生"中国及中国文化印象"认知和评价的实证研究》采用问卷调查实证研究方法,对289名外籍留学生进行了调查,重点考察外籍留学生"中国及中国文化印象"的认知特征和评价。研究发现:在外籍留学生眼中,最能代表中国印象的是"地域辽阔";最能代表中国文化印象的是"历史传统"。在历史人物中,最能代表中国文化印象的是"孔子";在历史文化中,最能代表中国文化印象的是"长城"。外籍留学生来中国后对中国及中国文化印象的评价显著提高;具有东西方不同文化背景的外籍留学生,对中国文化印象的评价程度差异显著等。

(三)关于传播理论的研究

国家社科基金项目中关于中国传播现状分析也占了很大份额,特别是"一带一路"倡议背景下中国国际传播所面临的机遇与挑战。下面分述之。

1. 关于国际传播理论的研究

刘琛的《国际传播理论及其发展的主要阶段与反思》一文以历史为视角,对国际传播理论中主要流派的核心思想、实践效果和产生的影响进行批判性研究,并以此为基础对未来发展做进一步思考。文章提出"倚重空间"和"倚重时间"两个概念。文章认为,古代波斯、罗马和希腊的传播观念重在"走出去",此为"倚重空间";中国等文明古国更强调把信息"传下去",青睐"倚重时间"的传播。传播理念的不同造成了社会样貌的差异,一个国家如果选择"倚重空间"的传播更可能成为帝国,而选择"倚重时间"传播的国家则难以拓展出恢宏的版图。

2. 关于国际传播历史的研究

关于国际传播历史划分,梁德学、唐润华的《媒介技术演进与中国价值观国际传播的路径创新》认为,在人类传播的"前现代"时期,即口语传播和文字传播时代,价值观的国际传播只是"偶然"或小规模发生,对传播媒介的依赖程度也相对较低。随着电子媒体的出现,其即时传播、跨越国界的属性使价值观国际传播的规模与水平上了一个大的台阶。在 19 世纪 30 年代被发明和应用的电报,被称为现代国际传播的起点。此后,社交网络和移动互联网技术进一步发展,其"点对点"和强互动性的特征使国家价值观国际传播的路径更加丰富多元,所达到的传播效果也是此前各种媒介技术平台无法企及的。20 世纪 90 年代以后,互联网技术的引入为中国价值观的国际传播提供了一个更加快速、更加便捷的通道,也为中国价值观国际传播提供了新的契机。

梁德学、唐润华的《媒介技术演进与中国价值观国际传播的路径创新》也概括了历史上中国价值观国际传播的主要路径。它们包括"民族之迁徙与移植;血统、语言、习俗之混合;宗教之传播;神话、寓言之流传;文字之借用;科学之交流;艺术之影响;著述之翻译;商货之交易;生物之移植;海陆空之特殊旅行;和平之维系(使节之往还、条约之缔结等);和平之破坏(纠纷、争执与大小规模之战争等)"。鸦片战争后,在当时的世界格局下,积贫积弱的中国既无足够的国力,也无相应的媒介技术基础实现有效的价值观国际传播。

3. 关于国际传播中的机遇与挑战问题

(1) 对外传播中的机遇

张恒军、唐润华在《中国价值观全球传播的新契机和新逻辑》一文中指出,如果说在传统媒体时代,中国国家价值观国际传播难寻亮点,远远落后于西方发达国家,那么,在以互联网和移动通信技术为依托的媒介融合时代,依托日趋强大的国力,中国价值观国际传播跨越了工具障碍、语言障碍、边界障碍、时间障碍。更重要的是,互联网平等、开放和交互的特性,使中国价值观的国际传播至少在理论上具有了逐渐打破以往单调、抽象和僵化状态的可能性,中国既要保持原有的国际传播通道,又要抓住引领媒体技术升级更新的契机,不断探索新型传播路径,打造国际传播的"云、网、端"架构和融媒体生态系统,拓展对重点国家和地区的融媒体覆盖,从而更好地面向世界讲好中国故事、传播好中国价值观。

项久雨、胡庆有的《论中国化马克思主义的国际传播策略》一文阐释了对外传播利好的一面。现代西方尤其是欧洲对中国的关注越来越聚焦到中国化马克思主义成果创造者——中国共产党身上,这使海外中共学悄然兴起,海外中共学的发展成果,直接或间接地影响多国政府决策,产生了较大的社会和学术影响。

(2) 对外传播中的挑战

张恒军、唐润华的《中国价值观全球传播的新契机和新逻辑》强调,中国一直高度重视中国价值观的全球传播,投入逐年增加,传播能力逐渐提升,但传播效果尚不能尽如人意。中国在国际上有时还会处于有理说不出、说了传不开的境地,存在着信息流进流出的"逆差"、中国真实形象和西方主观印象的"反差"、软实力和硬实力的"落差"。"一带一路"倡议同时也面临着挑战,包括部分西方媒体的蓄意歪曲和抹黑、部分国家的疑虑、沿线国家和地区的不稳定因素等。

唐润华、牛天在《多重交互关系下"一带一路"对外传播的重心与策略》一文中指出,国际传播中,我国一直处于"西强中弱"的状态,在国际舆论场中缺乏强势话语权的情况还没有根本转变,在"一带一路"国际传播中,西方媒体对"一带一路"倡议和中国国家形象存在有意或无意的误读现象。

项久雨、胡庆有在《论中国化马克思主义的国际传播策略》一文中阐述了中国化马克思主义成果对外翻译工作面临的国际国内环境,国际社会对中国和中国共产党的种种误解、偏见、歪曲,直接制约着中国化马克思主义成果的对外翻译和传播工作。

4. 关于全球化的研究

张恒军、唐润华的《中国价值观全球传播的新契机和新逻辑》一文指出,历史上存在三波全球化浪潮:19 世纪末期到 20 世纪早期开始的"英式全球化"为第一波,主要特征是军事征服和政治、经济、文化殖民,强调实地的"在场效应",不断扩大疆域,建立起"日不落帝国",成为全球秩序的制定者和仲裁者;第二次世界大战后开始的"美式全球化"为第二波,主要特征是文化和价值观的隐形植入,这两波全球化浪潮都体现了"强权即公理"等"现实政治"法则;"一带一路"倡议全面实施后的阶段可视为第三波,主要特征是秉持中华文化"和""仁""大同世界"等理念,强调团结协作、共生共荣,可以预见,这波浪潮也必将会对中国价值观的全球传播产生重大影响。

5. 有关国际传播活动的建议

张恒军、唐润华在《中国价值观全球传播的新契机和新逻辑》一文中建议:基于马克思精神交往理论对中国价值观全球传播理念进行指导,强调传播实践中个体的主体性地位,强调交往理论的指导地位,突出对人的关怀与心理疏导,把握文化交流的主动权,同时把中国价值观的优良传统发扬光大,通过融合创新提升中国特色社会主义文化,把世界文化的多样性和差异性转化为人类文化共同发展的活力和动力,形成具有中国特色的中国价值观全球传播模式。基于哈贝马斯沟通理性理论对中国价值观全球传播理念进行拓展,应当将对话视为文化建构的过程,寻求新的共识,在引导对话中产生建设性成果,为人们接受彼此的价值观提供某种可能性。首先要构建统一的价值目标和行为标准体系,而这就要求共同体成员进行正确的道德选择,具备理性沟通的生成条件和认同基础。可以说,哈贝马斯的沟通理性理论,能够促使人们站在人类交往的高度,客观审视和反思后现代主义社会中的精神特性等问题,这无疑为中国价值观的全球传播提供了一种跨文化的视野。基于人类命运共同体思想对中国价值观全球传播理念进行创新,如从对外宣传、对外传播、国际传播、全球传播四个维度考察国家价值观全球传播的模式,提倡文明交流互鉴、媒体融合发展、中外媒体合作、多元化传播主体等。

梁德学、唐润华在《媒介技术演进与中国价值观国际传播的路径创新》一文中建议:打造具有国际影响力的融媒体传播机构;建立外宣媒体海外社交媒体矩阵布局、国家级媒体多语种移动客户端集群;制作多种样式和形态的融媒体产品;增强官方媒体和民间自媒体联动。文章建议,构建协同有效的"一带一路"对外传播战略:建立集中统一的组织指挥机构;实施一体化的对外传播策略。总之,"一带一路"对外传播需要做到"重心下移",要促进"拨动心弦"的民心相通,要千方百计地带动社会力量、民间力量。中国政府、企业和其他机构需要切实提高与他国社会群体打交道的能力,中国外交也亟须"社会化"转型,力争实现国内和国外两个"民间"对接。传播具有"双向沟通、双向影响"的根本属性,在中国期待影响他者的同时，也需要做好准备，迎接中国自身政策理念、价值观念和行为模式的重塑。

唐润华、牛天在《多重交互关系下"一带一路"对外传播的重心与策略》一文中指出，"一带一路"在对外传播方面首先应该具备三个意识：全球意识、规则意识、对接意识。全球意识是在全球化发展趋势下衍生出来的传播意识。规则意识强调在传播过程中纠正"大国"对"小国"强行输出规则秩序以及两极分化的思维惯性。对接意识是指在合作过程中注重建立相互利好的国际社会。

项久雨在《马克思主义理论学科国际传播的问题与策略》一文中针对研究中存在的主要问题提出策略分析：针对传播主体相对单一问题，要建立中国特色的传播理论，构建中国优秀传播团队，引入市场参与机制，加强国际交流合作；针对受众定位不到位问题，要从国际传播受众的文化背景、语言习惯、思维方式、心理特征等方面对受众进行分析，通过实证调研的方式深入细致地了解不同国家民众，从而破解受众分析中存在的问题；针对传播者和受众之间的话语体系存在很大差异问题，传播马克思主义理论学科必须形成中国特色国际传播话语体系，探索反映马克思主义理论学科的国际传播叙事方式，选择合适的载体来传播马克思主义理论学科。

第二章　天津外宣工作调研报告

外宣，顾名思义，就是对外宣传，从国家视角和地区视角观察，结构是相同的，但内容有所不同。从国家视角看，指的是国外媒体对中国的报道，以及中国媒体在国外媒体或媒体平台上的宣传报道；从地区视角看，则包括所有区域外媒体对本地区的报道，以及本地媒体在区域外媒体以及网络平台上的宣传报道。

课题组于 2016 年至 2018 年对天津日报传媒集团、天津广播电视台、今晚传媒集团以及"津云"中央厨房进行调研，并根据获得的资料对近十年天津外宣工作进行梳理和总结，完成了天津外宣工作调研报告。报告分为四部分，分别是机构篇、文本内容篇、受众篇和平台篇。

一、机构篇

天津外宣的媒体机构，按照国别，可分为国外媒体和国内媒体；国内媒体按照地域不同，可分为市属媒体、外地媒体和港澳台媒体。为了研究的方便，结合研究的内容，课题组将媒体机构分为天津市属媒体以及与天津媒体有合作关系的海外媒体及港澳台媒体。下面分别对这两类媒体进行介绍。

（一）市属主要媒体基本情况

在课题研究过程中，市属媒体有一次大的调整。2017 年 2 月，天津市委书记李鸿忠同志在全市宣传思想文化工作会议上明确提出，要下决心拿下天津报纸、电视、广播、网络的融合之战，打造新型主流媒体，不搞简单的物理相加，要一步到位、化学融合，实现融为一体、合而为一，以媒体融合之效坚决打赢意识形态之战。2018 年 4 月，《海河传媒中心组建方案》通过天津市委常委会审议，以筹备组形式进入实质性运行阶段，同年 11 月，海河传媒中心正式挂牌运行。因此，课题组以 2018 年 4 月为界,分两个阶段介绍市属媒体的基本情况。

1. 2018 年 4 月前

2018 年 4 月,海河传媒中心组建前,市属媒体一共包括 16 家平面媒体(包括子报子刊)、20 个广播电视频率频道、6 个新闻网站、8 个新闻客户端、2 份手机报、334 个"两微"自媒体账号①。市属主要媒体机构是天津日报传媒集团、今晚传媒集团和天津广播电视台国际频道,下面分别进行介绍。

(1) 天津日报传媒集团基本情况

《天津日报》创刊于 1949 年 1 月 17 日。1948 年年底和 1964 年 7 月 29 日,毛泽东先后两次为报纸题写报头。作为天津市委机关报,《天津日报》在中国报业史上留下了辉煌篇章,如在全国省级党报中率先由 4 版扩大为 8 版,率先自办发行,率先恢复工商广告等,是天津新闻界的一面旗帜。2002 年 8 月 21 日,天津日报报业集团成立,集团以《天津日报》为龙头,下辖《每日新报》《城市快报》《假日 100 天》《采风报》《球迷》《车天下》《新广角》《蓝盾》、天津网等十报两刊一网。2010 年 8 月 10 日,天津日报传媒集团有限公司成立。2012 年 9 月,天津日报获"全国文化体制改革工作先进单位"称号。刘云山、张高丽、李长春等中央领导同志曾到报社视察,对办报、经营等工作给予高度肯定。天津市主要领导同志也多次对报社新闻宣传工作给予表扬。2013 年、2015 年,《天津日报》入选全国百强报刊。

近几年,面对媒体生态和舆论格局的剧烈演变,天津日报报业集团顺应新形势新要求,创新发展理念,改进报道内容,丰富传播手段,完善体制机制,踏上了媒体融合发展、建设新型主流媒体的新征程,基本形成了以全媒体采编集成融合平台为技术支撑,报纸、网站、"两微一端"为传播渠道,文字、图片、音视频为手段载体的多样态、多层次、多维度的新型传播格局。

(2) 今晚传媒集团基本情况

今晚传媒集团成立于 2005 年 9 月 6 日,多年来形成了五报三刊两网两端两微的全媒体格局。五报指的是《今晚报》《中老年时报》《渤海早报》《今晚经济周报》《中国技术市场报》;三刊指的是《今日天津》《家庭育儿》《智力》;两网指的是今晚网、今晚海外网;两端指的是"问津"客户端、"今晚海外"客户端;两微指的是

---

① 《天津海河传媒中心:媒体融合不保护落后,关闭 10 个子报子刊 6 个频道》,https://mp.weixin.qq.com/s/dgWjjmt45F8tfPTr2KzVdw.

《今晚报》微博、《今晚报》微信公众号。

目前今晚传媒集团已在 29 个国家和地区创办了 50 块海外版,成为向海外读者报道中国和天津、传播中华文化的重要渠道。这 50 块海外版中有 23 块是外文版,包含 7 种语言,因而今晚传媒集团也成为我国拥有海外版最多的地方媒体。因承接国家外宣任务,今晚传媒集团多次得到中宣部国际联络局的肯定。2011 年,今晚报社海外交流部荣膺国家新闻出版总署授予的全国"走出去"先进单位称号。

《今日天津》杂志是天津第一本服务于外籍人士的资讯媒体。杂志多次作为夏季达沃斯论坛特别合作外文媒体,获得"达沃斯组委会致敬单位"荣誉,是天津市政治、经济形象的外宣旗舰平台。

《今日天津》杂志联合今晚海外网、今晚海外客户端共同开发"多语种、多层级国际传播数字化工程"项目,获得天津市 2017 年度重大文化产业项目专项资助。

(3) 天津广播电视台国际频道基本情况

天津广播电视台国际频道于 2008 年 12 月 28 日正式开播,2009 年 5 月 25 日频道全新改版,全天 24 小时播出。该频道共划分为 4 节,每节 6 小时滚动播出。天津广播电视台国际频道对外宣传经历了三个阶段。第一阶段:自产自销、自娱自乐、没有考虑市场因素。第二阶段:走出去。这是国际频道外宣工作的转折点,国际频道通过为国际主流媒体提供媒体资源、参加国际大赛等形式,赢得国际媒体的认可,刊登在国外主流媒体的作品,提高了天津的知名度和影响力。第三阶段:请回来。国际频道邀请以 CNN 为首的一批世界主流媒体报道团队报道天津,产生了海外媒体聚焦天津的宣传效应。此外,国际频道还承接国际赛事、国际会议的报道宣传任务,创办了一批优秀的国际栏目,在外宣工作方面探索出一条有效外宣、精准外宣、市场化外宣之路。

2. 2018 年 4 月之后

2018 年 4 月,天津市委审议通过《天津海河传媒中心组建方案》,确立了"紧密型、两分开、融媒体、集约化"的改革原则和目标,以筹备组形式进入实质性运行。2018 年 11 月,天津海河传媒中心正式挂牌运行。

根据媒体报道,海河传媒中心领导架构"合六为一"。撤销天津日报社、今晚报社、天津广播电视台、天津广电传媒集团 4 个正局级和中国技术市场报社、天津报业印务中心 2 个副局级机构,整合为一套班子、一个法人、一个行政指挥系统、一个宣传策划中心。局级领导职数由 8 正 32 副,大幅削减为 2 正 11 副。原"两报一台"3 家主要新闻单位撤销独立法人建制后,转为去行政级别的 3 个事业部,实现"报纸无社、广电无台"运行。内设机构由改革前的 117 个压缩至 57 个,处级干部职数由改革前的 433 名压缩至 197 名[①]。

海河传媒中心将原"两报一台"所属新媒体采编人员、平台、项目等资源整建制划入北方网,组建津云新媒体集团,打破传统的"块块制"业务架构,本着先易后难原则,对原来散落在不同媒体不同部门的采编资源进行逐步整合,实行按照业务条线垂直设置的"中心制",统筹采编业务,目前已完成体育中心、文艺中心组建。对最核心的新闻板块,由分管宣传策划的副总裁牵头,召集 3 个事业部和津云新媒体统一策划新闻宣传,目前已实现《天津日报》《今晚报》新闻业务的统一,广播、电视的新闻业务也已分别完成整合,将来逐步与两张报纸的新闻业务实现整合。

海河传媒中心主动关闭《中国技术市场报》《渤海早报》《采风报》《球迷》《假日 100》《范儿》《育儿》《智力》《今晚经济周报》《今日天津》10 个子报子刊,关闭国际频道、高清搏击、时代风尚、时代美食、时代家居、时代出行 6 个电视频道,调整区县联盟、音乐 2 个广播频率定位,停更合并天津网、今晚网、今晚海外网、天视网、天津广播网 5 个新闻网站和新闻 117、前沿、问津 3 个新闻客户端。

经营方面,统筹海河传媒旗下 8 个主要媒体的广告经营业务,成立广告联盟,对外"一盘棋"招商运营。下一步,还将组建由海河传媒中心出资的平台性公司,统一开展广告、新媒体创新服务、文化产业、楼宇经济、资本运作等所有经营性业务。

关于海河传媒外宣工作如何开展,目前尚不明朗。可以想见的是,融媒体时代,津云将成为宣传报道引导舆论的一个重要阵地。

(二)与天津媒体有合作关系的海外媒体及港澳台媒体

这里的合作媒体指的是与市属媒体签订合作协议或者刊登市属媒体编排内容的港澳台媒体及海外华文媒体。

1. 天津日报传媒集团与《台湾导报》合作

2013 年 12 月,天津日报传媒集团遵照天津市台办确定的"南移下沉"的对

---

① 《天津海河传媒中心:媒体融合不保护落后,关闭 10 个子报子刊 6 个频道》,https://mp.weixin.qq.com/s/dgWjjmt45F8tfPTr2KzVdw.

台工作方针,落实并推进天津市对台工作的具体落实,天津日报传媒集团旗下《每日新报》与《台湾导报》正式签署战略合作协议。双方约定,《台湾导报》将开设天津新闻专版,用于宣传天津,稿件内容由《每日新报》提供。

通过 2015 年《天津日报》的工作总结,调查组获知,两年多来,《每日新报》与《台湾导报》密切联系,广泛交流,深化合作,对展示天津形象,扩大天津印象,推动津台两地经贸合作,促进文化交流,增进友谊,增强互信起到了积极的促进作用。双方合作版面刊发 30 多次,《每日新报》供稿 500 余篇,在台湾特别是台湾南部地区产生了巨大反响,取得了良好的宣传效果。

因合作效果良好,2014 年 2 月之后,《台湾导报》主动提出加密《台湾导报·天津版》的刊发频次,由半月刊改为周刊,版面设置由一块整版扩大并固定为一个通版(两个整版)。同时加印份数,做到全台覆盖。截至 2015 年年底,《台湾导报·天津版》每期发行份数超过 10 万份,发行区域覆盖台湾南部地区和大台北区域。

此外,依照双方签署的战略合作协议,《每日新报》与《台湾导报》除了继续在办报领域深化合作之外,还将在两岸经贸、文化交流等领域展开全方位的合作。双方约定,互派人员参访学习,交流办报经营经验,让双方中层骨干和一线优秀青年编辑记者进行嵌入式体验交流。2014 年 9 月,《每日新报》启动天津《每日新报》读者赴台摄影采风活动,邀请和组织岛内知名媒体人、顶尖经济学者和企业精英,为赴台参访学习的天津媒体人开办讲座,交流办报心得和经营理念,学习先进管理理念。两报商议,将择机在津台两地分别举办经济、传媒高层峰会。《台湾导报》还提出,未来希望就津台两地文化创意产业的发展现状进行交流,启动津台两地文化创意专项交流活动,组织两岸文创企业参展参会,为繁荣两岸文化创意产业搭建平台。

2.《今晚报·海外版》合作伙伴遍布全球五大洲

《今晚报·海外版》采取"借船出海"的发展模式,通过与海外华文媒体的合作,实现在海外华文媒体五大组团的布局。

2015 年来,与《今晚报》社展开合作的海外华文媒体共分为两大系列,一是以中新社为国内代理的四家报社,分别是《法国欧洲时报》《美国侨报》《南美侨报》和《大洋时报》,另一系列是与《今晚报》实力相当的海外华文媒体及港澳台媒体,包括《加拿大加中时报》《印尼国际日报集团》《尼日利亚西非统一商报》《法国侨报》《葡萄牙葡华报》《西班牙联合时报》《荷兰联合时报》《匈牙利新导报》《捷克布拉格时报》《罗马尼亚旅罗华人报》《瑞典北欧华人报》《俄罗斯龙报》《英国华商报》《澳大利亚华夏周报》《新西兰联合时报》《新西兰中文先驱报》《日本中日新报》《韩国新华报》以及我国台湾地区的《旺报》。这些合作媒体分布在全球五大洲，为《今晚报·海外版》增强国际话语权及国际影响力奠定了良好的条件，也对《今晚报·海外版》的发展提供了坚实的基础。具体做法是由《今晚报》进行稿件的选取与编排，海外华文媒体及港澳台媒体进行印刷与发行。

二、受众篇

按照国别和所在地，天津外宣的主要受众是居住在天津的外国人、来津短时间出差或旅游的外国人、想了解天津文化的外国人和居住在外地或国外的中国人。不同的受众需要的信息不同，依据身地一致原则，下面分别从居住地和语言两个方面进行介绍，其中，居住地方面，主要介绍在津外宣受众；语言方面，主要介绍非在津外宣受众。

（一）居住地

在津外宣受众主要有两类：短时来津出差或旅游的外国人和居住在天津的外国人。面向短时来津出差或旅游的外国人，天津有英文、日文和韩文版的《天津指南》（季刊）和《JIN 地图》。面向居住在天津的外国人，天津有《今日天津》杂志（英文刊、日文刊），这些刊物主要投放在四星级以上的酒店、高档中西餐厅、消费场所、外籍人员居住区、国际航班、在津外企、政府部门及北京各使领馆等地。此外，天津还举办各类地面活动，比如 TNC 沙龙活动、日语社区活动、海河游船项目、慈善事业颁奖盛典及答谢晚会等，加强与外国人的沟通与交流。

（二）语言

天津外宣按照文本语言可分为中文宣传和外文宣传。

1. 中文宣传

2017 年天津日报传媒集团在德国印刷出版了中文版的《天津日报》，内容与国内当天出版的《天津日报》一致，为居住在德国的中国人、想了解天津的德国人提供了有关天津的各类信息。

2. 外文宣传

为落实中央"走出去"、加强国际传播能力建设的战略，《今晚报》在与海外华文媒体合作的过程中，进一步通过创办外文版报刊开展对外宣传，今晚报业集团于 2011 年创办了《今晚报·澳洲英文版》,这是《今晚报》第一个使用外文传播的海外版。在这之后的五年里,《今晚报·海外版》把工作重心放在拓展外文版上,例如,通过与美国《国际日报》合作,《今晚报·美国英文版》刊登在美国《洛杉矶时报》上,进入海外主流社会。截至 2017 年,《今晚报·海外版》拥有版面 50 块,其中外文版 23 块,涉及英、日、西(班牙)、韩、俄、德、法等多种语言,分布在全球 29 个国家和地区的 31 座城市,成为天津乃至我国北方对外宣传的一个重要窗口和桥梁。

三、内容篇

从调查组获得的文本内容来看,媒体有时是报道者,有时是活动策划者、组织者,分别介绍如下:

(一)报道者

天津媒体作为报道者,报道的文本和内容可以分为国家级外宣内容、在津国际性会议活动内容和本地内容等。

1. 国家级外宣

(1)常态工作

传播国家的重大战略部署,如"一带一路"倡议、京津冀协同发展、滨海新区开发开放、自由贸易试验区建设和国家自主创新示范区的建设等,这是天津媒体外宣报道的基本工作。

《天津日报》采用了专栏、论坛、活动等形式进行京津冀一体化报道,开辟"京津冀协同发展""海阔天空京津冀""全国两会"特别专栏,对京津冀协同发展进行报道。2014 年,《天津日报》推出"京津冀协同发展"专栏,刊发《40 津企加入京津冀知识产权发展联盟》《京津冀钢铁行业节能减排示范工程启动》《真知灼见助力京津冀协同发展》《服务京津冀发展全局全面开展津承对口帮扶》等各类稿件 80 余篇,对天津市委、市政府和全市各相关部门积极推动京津冀协同发展的新思路、新举措、新进展及时进行了翔实报道。并且在每年两会期间,《天津日报》延续三地党报合作、稿件资源共享的方式,深化三地党报总编辑联席会议机制,携手《北京日报》《河北日报》推出"京津冀协同发展"全国两会特别专栏,邀请三地全国人大代表、政协委员,对如何加快推动京津冀协同发展提出真知灼见。2017 年在习近平总书记发表"2·26"重要讲话两周年到来之际,三地党报密切协作,同步推出"海阔天空京津冀"专栏,用八个整版的篇幅向总书记全面汇报了三地联手加快推进京津冀协同发展的火热实践。

天津日报传媒集团还参与主办"京津冀协同发展"系列活动。2014年,天津日报传媒集团"津英荟"优秀企业家俱乐部、天津日报经济新闻中心联合南开大学高端继续教育中心共同主办了"京津冀一体化带来的企业机遇"专场座谈会。天津市政府合作交流办副主任张建军,河北省人民政府驻津办主任杨英建及天津市北京商会、天津市河北商会、天津市唐山商会、南开大学、三地企业界负责人代表等20余人出席会议,围绕"京津冀协同发展形势下的企业机遇与挑战"等主题进行了深入探讨,总结并分享了三地企业的发展思路与成功经验。2016年7月,由《天津日报》发起并参与主办的第二届京津冀精英女性论坛,吸引了三地妇联、媒体和女性相关产品生产企业的积极参与,其影响力已不仅局限于京津冀三地。2018年,《商机》杂志与天津市政府合作交流办公室主办"京津冀一体化——北京异地商会会长天津行"活动,推出特别策划《京津冀力量》,并开展"京津冀系列调研",扩大了天津的影响力。

为传播自由贸易实验区建设的新动态,《今晚报·海外版》开辟"服务贸易系列报道",以每周一期的速度向海外读者介绍优秀文化贸易产品,共刊发40余期,从不同的侧面向国际市场介绍国内优秀的文化贸易产品。

(2)中宣部部署工作

2016年下半年,《今晚报·海外版》圆满完成中宣部领导直接部署的"南海仲裁案""G20杭州峰会"和"习近平主席出访拉美"三项国家级外宣任务。其中,《今晚报·海外版》关于"南海仲裁案"的外宣报道还被中宣部写入给习近平总书记的专报之中。

2016年7月,今晚报社接到中宣部国际联络局的重要指示:"当前南海问题敏感,请用好《今晚报·海外版》传播力量。"今晚报社迅速制订报道方案,经中宣部国际联络局批准,启动南海仲裁问题外宣专版报道。从7月11日至8月10日,今晚报社海外交流部共编发169个"聚焦南海问题"专版,刊发在18个国家的15家海外合作媒体上,语种包括中文、英文、日文、韩文和法文,全方位在海外传播中国政府在南海仲裁问题上的立场与观点,以及在新加坡举办的南海问题与区域合作发展高端智库学术研讨会的成果。

8月17日,今晚报社接到中宣部国际联络局关于做好G20杭州峰会主题外宣报道的指示。在国际联络局指导下,今晚报社海外交流部共编发63个G20

杭州峰会专版,刊发在 22 个国家的 21 家合作媒体上,语种涉及中文、英文、日文、韩文、法文和西班牙文。

2. 在津国际性会议和活动

在津国际性会议中最为著名的就是每两年一次的夏季达沃斯论坛了。这是向世界展示中国形象和天津形象的一个契机、一座平台。国务院总理的出席是这个论坛的一大亮点。

2005 年,世界经济论坛主席克劳斯·施瓦布提出了"中国夏季达沃斯"的设想。2006 年 6 月,世界经济论坛北京代表处成立,这是世界经济论坛在瑞士境外设立的首家代表机构,最终确定,世界经济论坛于 2007 年开始每年在中国举办世界新领军者年会——"夏季达沃斯"论坛。夏季达沃斯论坛旨在为全球成长型公司创造一个与成熟企业共同讨论、分享经验的平台,由天津和大连两个城市轮流承办。2008 年 9 月,夏季达沃斯论坛首度落户天津,获得空前成功。

天津夏季达沃斯论坛从 2016 年开始,由天津电视台主播团队进行公传信号制作,并将所有公传信号第一时间上传"达沃斯媒资中心",供中央电视台、天津电视台及全国协作体各成员台使用,提供给欧广联、夏季达沃斯论坛网络,以及 CNBC、彭博财经、新加坡亚洲新闻台、凤凰卫视等媒体。从 2016 年 6 月 25 日到 28 日,四天时间,整个媒资平台上传素材 239 条,素材总时长超过 1 100 分钟。新闻部下载使用 14 条,国际频道使用 1 条,协作体成员台使用 43 条。

天津电视台启用 3D 转播车、高清转播车、卫星车、传输车、后勤保障车,以及高清电子现场制作系统(EFP)、移动 VR 包装系统等装备,分别完成论坛开闭幕式、小全会、分论坛会议、辩论会、文化晚宴、新闻发布会等 59 场会议的公传信号制作和输送任务,向全世界播出夏季达沃斯论坛的盛况。同时,全部高清信号在场内媒体区、嘉宾休息室、部分论坛公共开放区域的电视屏幕上进行播放。除了规定动作外,2016 年,公传团队首次在场内启用移动 VR 包装系统,实现了在场馆中任何点位主持人与虚拟场景融为一体,实时播报。

天津日报传媒集团将两年一度的夏季达沃斯论坛视为向世界讲好中国故事、天津故事,发好中国声音、天津声音,展示好中国形象、天津形象的一次契机,把论坛的宣传报道工作摆上了十分重要的日程,确定了"立足天津放眼世界,用组合拳奏响中国好声音"的宣传报道总基调,母报子报子刊新媒体联动,同步推出专栏、专题、专刊,综合利用消息、专访、评论、综述、解读、图片等多种新闻表达手段,对天津夏季达沃斯论坛进行了全场景、广视角、立体式的报道,全面反映了论坛盛况,生动展示了中国魅力、天津魅力。

例如,2014 年,在要闻版开辟"2014 天津夏季达沃斯"专栏,刊发了《丹麦首相托宁·施密特:绿色能源合作蕴含巨大潜力》《俄罗斯副总理德沃尔科维奇:希望与天津在多方面深入合作》《世界经济论坛主席施瓦布:天津是极富创新能力的城市》等人物专访稿件,通过记者专访来津出席达沃斯论坛的国际政商界领袖,反映他们对天津达沃斯会议、对天津这座城市和当前经济发展的认识、感受和观点,并配以富有表情的现场人物图片,使整组报道鲜活可读;在一版刊发本报评论员文章《创新引领发展 智慧缔造传奇》,对天津历届达沃斯论坛进行了梳理,对此次论坛的主题、议程、目的、意义以及给天津和中国发展带来的新契机进行了深刻剖析,起到了很好的阐释引导作用;9 月 12 日、13 日连续两天推出四个"2014 天津夏季达沃斯"特刊,对李克强总理的讲话,以及全球政要、高管和著名专家学者关于当前经济热点、中国发展及天津发展的观点态度进行了翔实阐释。《新金融》杂志是《天津日报》子刊,在 9 月 8 日、9 月 15 日推出封面文章和深度稿件;《新领军者》杂志在 9 月 10 日推出"2014 天津夏季达沃斯"特刊,开辟"青年领袖""达沃斯观点"等专栏,突出故事性、观点性、启发性,对出席达沃斯论坛的多位嘉宾进行了访谈。

2016 年夏季达沃斯论坛期间,《天津日报》推出三个专版特刊,配合一版、二版要闻版,对论坛盛况进行了全景式报道,刊发《抓住世界新一轮科技革命和产业变革机遇 推动世界经济在转型升级中实现稳定复苏》《转型时不我待 创新才有未来》《共度仲夏之夜 感受魅力之城》《再掀头脑风暴 把脉中国经济》等数十篇稿件。

3. 本地内容

作为报道者,《天津日报》"外眼看天津"专栏在全方位、多角度、立体宣传天津的同时,也通过"外眼"角度对天津的可持续发展建言献策。

《天津日报》在头版和要闻版开设"外眼看天津"专栏,重点对到访天津的外国政要、商企老总、专家学者、媒体记者以及来自港澳台地区和兄弟省市的考察团体、政府官员等进行采访。接受采访的"外眼"们纷纷表示,天津具有吸引力强大的投资环境,有良好的区位优势、人才资源和基础设施,有不错的人文环境、生态环境,体育、医疗、科技创新等领域的成就和强大的经济实力等都令人"惊讶",经济社会发展速度令人"惊叹",优美的城市面孔更令人"惊艳"。他们表示,将进一步加强与天津各相关领域的深度合作。

在有关中国矿业大会的报道中,《天津日报》推出《2016 年中国国际矿业大会在津开幕》等多篇稿件,同时利用"外眼看天津"专栏,刊发《天津是一座希望之城》《全球矿业动荡中有机会》《"一带一路"倡议下扩大合作》《矿业大会是非常好的平台》等文章,反映了国际社会对天津举办此次大会的赞誉。

（二）策划组织者

天津媒体作为外宣活动的策划者、组织者,举办过多场本地活动和津外活动。

1. 本地活动

（1）海外媒体聚焦天津

天津广电集团响应国家广电总局"走出去"工程的号召,成功举办多次大型采访活动,比如 2003 年天津广电集团、天津电视台举办的大型易地采访活动"跨越发展中的天津",2004 年天津广电集团、天津人民广播电台举办的"百名记者看天津",2005 年天津广电集团、天津电视台举办的"和谐天津"等。媒体作为组织者进行的外宣活动中,规模最大的当属 2006 年的"海外媒体聚焦天津"活动。此次活动沿用了易地采访模式,即用外地人的视角重新发现城市的飞跃发展,并把这一模式扩大运用到世界媒体的范围内。

2006 年 5 月 15—21 日,来自全球 14 家世界知名电视媒体的 50 多名记者齐聚天津,参加"海外媒体聚焦天津"活动。5 月的津城在世界媒体的瞩目中张开笑脸,尽情展示它的活力与风采。一个真实的、腾飞的、有文化、有底蕴、有生机、有活力、充满明媚前景、和谐发展的天津生动、细腻、全面地展示在世界面前。

大型电视采访活动"海外媒体聚焦天津"的前期采访工作历时七天,于 2006 年 5 月 21 日结束,来自 14 家知名媒体的 50 多名记者,深入天津经济、文化、百姓生活各个领域,捕捉腾飞天津的动人画面。海外媒体记者以新闻、专题,其至电影的形式把天津的面貌和天津人的故事带到世界的每一个角落,从而让世界了解天津,让天津走向世界。彼时,这一采访活动是中国电视史上第一次集中了全世界众多主流电视媒体,集中在一段时间内,以一个城市、一个地区为主题进行的大范围、多角度的采访报道活动。

大型电视采访活动"海外媒体聚焦天津"力求借助海外主流媒体,充分展示天津市一段时间以来的发展成就和广阔的发展前景,提升天津市的国际知名度和影响力,为加快天津滨海新区的开发开放营造良好的外部舆论环境。

此次活动邀请了 14 家在全球颇具影响的广播电视机构。覆盖全球 200 多个国家、拥有 10 亿受众的美国有线电视新闻网（CNN）驻北京首席记者吉米先生应邀出席活动。英国影响最大的广播电视机构——英国广播公司（BBC）派出驻中国的电视报道队伍。在日本有着广泛影响力的日本广播协会（NHK），韩国最大的广播电视机构 KBS，拥有澳大利亚最大的商业化电视网络的澳大利亚七网络集团，比利时国家电视台 RTBF，由法国各大区电视台组成的法国电视三台，节目覆盖德国 77％ 的电视用户和欧洲其他国家电视用户的德国 N24 电视台，俄罗斯第一个电视经济频道俄罗斯 RBC 电视台，澳大利亚墨尔本市的主流电视制作公司 WTFN，节目覆盖亚洲、澳洲、中东地区、非洲、欧洲的韩国阿里郎电视台以及节目覆盖中东、南亚、东南亚、东北亚和中国等 19 个国家和地区的新加坡亚洲新闻台，以及我国香港亚洲电视、台湾收视点数第一的有线电视频道公司台湾东森电视台等，都派出记者参加此次采访活动，中央电视台英语频道（CCTV - 9）也派摄制组参加了此次采访活动。

"海外媒体聚焦天津"活动由天津广电集团、天津电视台提议策划，天津市人民政府新闻办公室主办，天津市滨海新区工委、天津市人民政府外事办公室、天津市人民政府台湾事务工作办公室协办，天津广电集团、天津电视台承办。活动将"让自制节目走出去"的传统外宣思路转变为"请世界媒体走进来"的创新理念，借船出海，利用海外媒体的视角和宣传渠道报道天津、宣传天津。

活动中，天津广电集团、天津电视台把海外媒体请进来，以协助人身份陪同全程拍摄，引导报道方向，把握报道点和宣传口径，从新的角度，履行了让世界了解天津的桥梁和纽带作用，诠释了崭新的电视外宣形态，扩展了天津广电媒体功能。

"海外媒体聚焦天津"的创新是一次成功的尝试，通过多方努力，此项工作真正做到了市委、市政府放心，海外媒体满意，市民盛赞。

大型电视采访活动"海外媒体聚焦天津"的成功举办得益于领导重视，策划周密，组织得力，安全措施得当，接待工作细致全面。这为外宣工作提供了可资借鉴的丰富经验。

第一，领导重视。活动初期，由天津广电集团、天津电视台领导组成活动领导小组。天津广电集团的领导对此次活动给予了高度重视，对筹备活动提出"七个一流"的高要求——一流的策划、一流的选题、一流的宣传、一流的预案、一流的安排、一流的工作、一流的效果，提出了"为我有利、为我所用、为我服务、为我宣传"的活动宗旨，并将此次活动的筹办划分五个阶段——抓策划、促方案；抓方案、促运作;抓运作、促实施;抓实施、促落实;抓落实、促效果,使此次承办活动有了思想保障。在各级领导的大力支持和殷切希望中,天津电视台台长万克对此次活动进行了周密的部署,推动工作落实,委任外宣工作经验丰富、外语能力强、业务能力强,能打硬仗、胜仗,能打攻坚战的国际部承担此项任务。

第二,落实得力。天津电视台国际部全体工作人员把这次活动作为锻炼机会、学习机会、展示机会、宣传机会、提高机会,分工明确,协同作战。接受任务以来,每周召开两次周前期和周后期全体会议,汇总推动工作进程。

第三,此次大型活动把眼光锁定于世界一流的电视媒体,为邀请世界一流媒体参与报道活动,国际部准备了详尽的体现天津发展的背景资料和选题内容。通过反复沟通,把天津在国家发展中的战略地位突出地展示给对方,并利用国际部多年积累的外宣渠道,运用电话、电邮、传真等多种方式,运用多种语言(英语、法语、日语、俄语、韩语等),克服时差障碍,进行不间断的邀请。对于在北京设有办事处的媒体,如 CNN、BBC 等,则登门邀请。

第四,选题落实。在各摄制组来津之前,各队和海外媒体记者反复沟通拍摄内容,大到选题,小到船只进出港口的时间等,根据对政策的理解和自身的工作经验,为对方宣传天津提出切实的建议,引导对方理解此次采访活动的主题,与被采访单位进行联系,逐一到现场落实采访对象和拍摄地点。

第五,安全保障。外事无小事。"海外媒体聚焦天津"活动邀请思想活跃的世界顶尖媒体记者来到天津,面临的最艰巨任务是处理好安全的问题。首先,要绝对确保海外媒体记者在天津采访期间的人身安全;其次,要把握好选题政治导向方面的安全性,妥善平衡坚持舆论导向和国际新闻观的问题。例如,为了确保到访记者的人身安全,活动领导小组在活动开始前的一个月内为全体接待人员进行了 7 次专题培训。电视台保卫部作了内部安全保卫培训,对本次活动下榻酒店——天津广电集团所属天宇酒店服务人员进行了接待培训,对承担此次接待任务的车队司机进行了综合培训。以上培训进一步规范了采访接待工作,保障了工作的严密有序。

第六,周密工作,细致接待。在天津市委宣传部、天津广电集团、天津电视台的直接领导下,天津电视台国际部运用智慧,在接待工作中以人性、人情为突破口,以诚相待,圆满完成了接待任务。接待组的接待方案,明确了"温馨地接待"的方式,力求给人宾至如归的感觉。从机场迎宾的第一束鲜花做起,从入住酒店的第一个微笑做起,每位记者入住酒店后,拿到一系列详细的资料(包括天津的简介、日程安排等）。国际部为每个摄制队安排了专用采访车辆；在滨海新区组织了简短隆重的开幕仪式；在梅江居住区安排了中国传统的民间艺术表演；安排了蓟县旅游，使媒体记者了解到天津的飞速发展和文明的进程。各位媒体记者凭借他们敏锐的洞察力，尽情感受天津，为魅力天津的迷人风采所感染，纷纷踊跃地把天津的自主创新和经济第三极的活力展示给世界。通过细致的接待工作，"海外媒体聚焦天津"活动圆满完成了向世界展示天津的任务，记者们拍摄出和谐发展中的天津，既符合我们的宣传需要，又符合国际视角和惯例。

澳大利亚七网络和天津电视台有着良好的关系，本次活动派出了资深记者和摄影师参加本次活动，两位记者对天津人的好客、开放和智慧都有深刻的印象，对活动的招待表示满意，和接待组的很多人都成为很好的朋友。

韩国阿里郎电视台与天津电视台有着良好的合作关系，本次活动中，阿里郎电视台的行程很满，比较辛苦，陪同人员带他们吃了最正宗的韩国烧烤，阿里郎台领队元钟善先生感慨地说："难怪这么多韩国人到天津创业都不回国，是有原因的啊。"摄像罗先生说："我应该搬到中国来住。"韩国客人这种宾至如归的感觉与天津文化的包容性和陪同人员周密细致的安排是分不开的。

台湾东森电视台记者杨钊、王哲男表示，他们经常到其他国家和地区采访，天津这次活动的策划和接待工作做得最好，让他们十分佩服，为天津的发展感到激动。

第七，宣传配合。活动期间，各中央驻津媒体、天津本地媒体对此次活动的盛况进行了全面、立体、连续的系列报道，在全国、全市产生了影响。

第八，活动成果。由世界一流电视媒体的 50 多名记者组成的采访团，把天津的整体经济腾飞、天津深厚的文化底蕴、天津居民和谐的生活面貌收入了他们的镜头。

美国 CNN 首席记者吉米走进了滨海新区、天津经济技术开发区，腾飞中的滨海画面将通过美国有线电视新闻网，传播到世界 200 多个国家，受众为世界 10 亿人口。

英国 BBC、日本 NHK、德国 N24 电视台把他们的镜头投向天津港 1.56 万米的泊位岸线，这个吞吐量居世界前十位、中国北方第一位的港口将有机会在海外与世界朋友相会。

俄罗斯、澳大利亚、新加坡的记者走进天津一汽，把镜头对准了天津自主研发并批量出口的夏利汽车。

澳大利亚、新加坡记者和中国香港的记者采访了天津海水淡化项目,向世界介绍了发展中的天津对自然资源的合理规划与利用。

韩国记者走访了正在扩建的天津滨海国际机场、五大道、改造中的海河。

法国记者更关注天津的美食。

澳大利亚记者通过在天津动物园的拍摄了解了与自然、与动物和谐相处的天津人。

新加坡和中国台湾代表走进天津茶馆,体会津味文化和地道天津百姓的文娱生活。

历时一周的报道,各国记者围绕几十个选题,组织了上百次拍摄,从宏观的天津经济、滨海规划到细致入微的百姓食谱、茶馆文化。

新加坡驻京记者嘉美,恋恋不舍地离开了天津,这是她第三次来天津,承办方的引导和介绍改变了她对天津旧有的印象,走过了五大道,听过了茶馆相声,嘉美说,丈夫到中国探亲时,她要带他到天津来,结识美丽、古老又年轻的天津。

CNN 驻北京首席记者吉米先生参加了活动的开幕式。他回京后致信活动组委会成员、天津电视台国际部主任李家森,祝贺此次活动的圆满成功,并祝愿天津有美好的未来。

BBC 摄制组表示,在津时间虽短,但印象深刻,尤其对电视台国际部和谐团结的氛围深有体会。

尽管比利时 RTBF 的摄像师并不擅长讲英文,平时很少讲话,但在告别晚宴中,他说,自己做摄像工作不知多少年了,但是这次来天津拍片无论是前期联络准备还是活动中的协作和帮助都是给他印象最深的一次。

香港亚视记者表示,在津拍摄期间最大的感触是港资企业在天津的发展速度之快超出他们的想象。

澳大利亚七网络的克里斯和罗伯都是第一次来天津,通过短暂的五天时间对天津有了深刻的认识。他们觉得天津是一座很有潜力和前途的城市,在游览蓟县长城和出席告别晚宴时,克里斯谈到,天津正在通过各种方式向世界展示自己,提高自己的知名度,相信天津在不久的将来一定会像北京、上海一样具有国际知名度,甚至会像中国的长城一样受到全世界的瞩目。

克里斯和澳大利亚 WTFN 公司董事、总经理达里尔·塔尔伯特先生甚至表示,非常希望在天津购置房产,以便经常来天津居住。

德国 N24 电视台记者在天津的商业街金街采访了市民,希望了解中国人对德国产品的了解程度和认可程度,对采访结果比较满意。拍摄海河改造时,对改造后焕然一新的海河赞不绝口,对天津五大道的异国建筑也留下了深刻的印象。

韩国 KBS 和韩国阿里郎电视台共派出 8 名记者来津采访。KBS 记者在5月15日当天参加完开幕式和新闻发布会后就赶往泰达中心酒店,拍摄开发区全景并在楼顶出镜,拍摄了开发区、工业区的镜头,随后即刻返京,在路上就写好了新闻稿,到京后立刻编辑、配音,制作了 1 分 15 秒的短新闻,并克服了磁带转制等困难,保证了该新闻的报道,当晚,KBS 向全球播出了"世界媒体聚焦天津"的盛况。5月19日,两队一起赴天津港采访,KBS 国际合作局李秀行副主任在接受天津港电视台采访时说:"我们所有的人都是第一次来天津港,对这里印象深刻,没想到这么大、这么好、技术水平这么高。"当他了解到天津港新泊位建设计划后肯定了天津未来港口发展的领军位置,认为天津港区建成后软硬件设施都必将使其成为中国北方第一大港。

(2)海外传媒峰会

《今晚报》连续多年隔年举办一次海外传媒峰会。在 2015 年举办的第五届海外华文媒体峰会上,《今晚报·海外版》加入了商务合作的模块,邀请天津市及国内在服务贸易方面的优秀企业与海外华文传媒代表面对面,通过企业自我介绍、代表提问与企业答疑等环节,向海外推介国内的优秀企业,以期能借助海外华文媒体在所在国拥有的传媒及人脉优势,促进双方的合作。

(3)中国天津滨海国际观鸟文化节、外埠津商回乡考察等活动

2016 年举办的"第二届中国天津滨海国际观鸟文化节"是由天津市滨海新区人民政府、国家林业局野生动植物保护和自然保护区管理司、中国野生动物保护协会、中国生物多样性保护与绿色发展基金会主办,天津市滨海新区区委宣传部、天津日报社、天津市滨海新区文广局承办,天津市野生动物保护协会等协办的。这一届的中国天津滨海国际观鸟文化节参与阵容更加强大,共吸引了 500余位国内外生态学家、鸟类学家,爱鸟护鸟机构人士、志愿者、摄影家、摄影爱好者,广大媒体记者及众多普通市民的关注和参与,近百位记者到发布会和活动现场进行采访,开展了大规模报道,由此引发众多政务、新闻、资讯、视频类和综合门户类网站广泛刊登和转发,收到了很好的传播效果。在百度搜索引擎中以"第二届中国天津滨海国际观鸟文化节"为关键词得到的搜索结果中,前 30 页(每页10 项条目)几乎全部都是观鸟文化节的信息。据不完全统计,累计刊播发布观鸟文化节相关报道 500 条左右,照片上百幅。天津日报社子报子刊及天津网络、

微博、微信、客户端20余家新媒体矩阵对活动进行了报道。

在这些活动中,天津媒体在全国范围内邀请相关部门负责人、行业领袖精英、企业家代表和普通百姓参与,讲述天津经济发展故事,讨论天津经济发展热点,对推介天津、宣传天津发挥了重要作用。

2. 津外活动

走出天津也是天津媒体策划组织活动的一部分,这些活动有的紧跟形势,比如2015年是"中俄媒体交流年",作为"感知中国"大型活动的一部分,由今晚报社与合作方俄罗斯龙报社举办的"感知中国——2015美丽天津文化图片展"在俄罗斯圣彼得堡举办。这次展览题材广泛、内容充实,引起了圣彼得堡民众的关注与浓厚兴趣,参加此次展览的俄罗斯民众表示,他们从中了解到天津美丽的城市风光和建筑风貌,推动了多方面的交流与合作。

比如,2016年是红军长征胜利80周年,天津日报社组织年轻编辑记者重走长征路,在《天津日报》和"新闻117"两微一端同步推出"雄关漫道"专题等。

除此之外,各类文化活动也是津外活动的重要部分,比如,天津日报视觉中心组织《天津日报》读者摄影协会会员,先后赴江南、甘南、湖北大悟等地进行摄影采风活动。每日新报也组织爱好摄影的读者开展了"纵横千岛 情迷万亩油菜花"摄影采风活动。在这些活动中,大家一边在当地摄影采风,一边同当地摄影爱好者进行交流,活动以图片形式生动展示了近年来天津的巨大变化和百姓的美好生活。与此同时,在活动中,天津日报社利用自身优势与当地建立起摄影基地,成为长期对外宣传天津的窗口。

四、平台篇

平台部分以津云新媒体正式运行为界,可以分为两个阶段:第一个阶段是天津媒体多个新媒体平台共存(2017年3月之前),第二个阶段是津云诞生(2017年3月)之后。

(一)2017年3月之前

这一阶段,天津三大媒体集团有多家新媒体平台。

天津日报传媒集团以"新闻117"两微一端、天津网等为平台,配合《天津日报》全面做好网络宣传报道工作,围绕天津发展重大战略、重要举措开辟专题专栏,推送《天津日报》新闻产品和自采新闻产品,同时与广大网友进行密切互动交流,增进人们对天津的了解,消弭认识上的误区,树立起对天津的认同感。

今晚传媒集团以双网(今晚网、今晚海外网)、双微(微博、微信)、双端(问津客户端、今晚海外客户端)等为平台,围绕"国际化、创新性、专业化"的办网方针,在加强中外新闻信息交流、传播中国声音、讲述天津故事,服务京津冀协同发展、"一带一路"倡议等国家战略方面,进行了诸多有益尝试,并取得了良好的社会反响。

今晚报社旗下新媒体"今晚海外网"是在响应党中央国务院提出建设"一带一路"的战略构想大背景下,于2016年10月上线试运营的。同年12月,"今晚海外网"和"今晚海外"客户端正式上线,标志着今晚传媒集团形成了"五报、三刊、双网(今晚网、今晚海外网)、双微(微博、微信)、双端(问津客户端、今晚海外客户端)"的新型主流传媒集团格局。

在"今晚海外网"上线之前,项目组进行了近四个月的调研和考察,调研对象包括海外客商、"走出去"企业以及海外华侨、本地的政府部门、行会、商会以及来访的国外团体和政府组织。通过深入的交流和探讨,确定了"今晚海外网"的任务方向是以国际合作为抓手,为天津在海外的宣传渠道布网。"今晚海外网"在正式上线之日举办了"新开放时代创新驱动发展战略研讨会",与会嘉宾围绕经济新常态背景下如何实现经济发展向创新驱动转型展开探讨。会议认为,对外开放既是创新经济形成和发展的外部条件,又是动力来源。为了更好地对外宣传天津,助力天津各界"走出去",吸引全球优质资源来津发展,就需要实力媒体向世界发出"天津声音",讲好"天津故事",营造强磁性的"天津气场","今晚海外网"可以在新媒体的发展中,异军突起,对接海外资源,为天津的对外宣传创新通路,同时,为天津新媒体的发展寻找新的增值空间。

依托于今晚报社遍布全球29个国家及地区,覆盖31个城市,出版包括7种语种的50个海外版,"今晚海外网"创办伊始就设立了英文频道,并发布日文、韩文、俄文、法文、西班牙文、德文等多语种内容,覆盖使用不同语种的海外人群。2017年5月,"今晚海外网"日文频道上线试运行。

在网站栏目设置上,今晚海外网除了"一带一路""京津冀""创新/创业""走出去"等核心内容栏目外,重点设计开发了在线浏览报纸电子版的功能,让国内用户可以看到原汁原味的《今晚报·海外版》。

为方便海外用户阅读和更有效地获取信息,"今晚海外网"通过技术研发,推出了"多语种关联""中英对照阅读"等功能,尽可能满足海外网民的不同阅读需求,让更多的人可以通过"今晚海外网"了解中国、关注天津,获取中国(天津)政治、经济、文化、社会等方面的各类资讯。

此外,"今晚海外网"和"今晚海外"客户端上线后,在50个《今晚报·海外版》报纸上添加了网站域名和客户端下载二维码,在实现"报纸内容网站呈现"基础上,将报纸读者向"今晚海外网"进行导流,为网站和客户端汲取海外用户提供了帮助,也为报纸读者延伸阅读建立了有效渠道。

"今晚海外网"上线以来,立足内容,下大力气挖掘中国(天津)经济社会发展的亮点,通过认真组织、精心策划,推出突出海外特色的内容和实用信息,吸引海内外网民的关注。

2016年12月,为更好地宣传中国文化、讲好天津故事,天津市首届双十"非遗"项目海外推介活动正式启动。活动以天津千余项"非遗"项目为依托,以《今晚报·海外版》和刚刚正式上线的"今晚海外网"为宣传平台。2017年1月,从活动前期海选报名的120个"非遗"项目中复选出44个项目,在"今晚海外网"上展示并接受网友投票。截至评选结果揭晓,"今晚海外网"在一个月内共收到225 080人次选票,美国、加拿大、法国、澳大利亚、英国等地均有当地读者参与评选。该活动既是一次大规模、成建制、系统地对外宣传天津"非遗"项目,也是向海外讲好天津故事的一次新尝试。

留学人员是我国人才资源的重要组成部分,也是国家的宝贵财富。鼓励留学人员回国创业,对实施人才强国战略、建设创新型国家具有重要意义。近年来,天津不断创新机制,出台鼓励和优惠政策,吸引海外高层次人才来津创新创业,通过引进人才,带动先进的理念、技术、项目向天津集聚。2017年1月,"今晚海外网"策划推出"留学归国创业典型人物系列访谈",走进海归在津创业企业,对话归国创业典型人物,从他们的创业故事中观察中国经济发展的时代变革,也对外宣传了天津良好的创业投资环境。

作为天津对外宣传、与海内外连接的信息平台,"今晚海外网"不仅是天津与世界各地交流的媒介与桥梁,同样也汇聚了大量的海外网友和在津生活的外国网友。2017年2月,"今晚调查"设计制作了英、日、韩三种语言的问卷,通过"今晚海外网"及其客户端等渠道以及实地发放问卷等途径展开调查,共收到有效问卷233份。通过调查数据,我们了解了外国人在天津的生活状况,走进了他们在这座城市里的故事。"今晚海外网"根据调查内容推出的专题,在这一人群中也得到了广泛传播。

2017 年 3 月,"今晚海外网"联合天津市社会组织管理局策划推出"天津社会组织系列访谈"。对服务"一带一路"建设、京津冀协同发展以及企业"走出去"等方面的优秀社会组织进行访谈,梳理亮点,将内容呈现给海内外网友。天津市自行车电动车行业协会、天津市钢结构学会、天津市城市规划学会、天津市商务服务行业协会等社会组织已完成访谈录制及内容推出。

为帮助我国"走出去"企业更加全面地了解"一带一路"沿线国家的政治、经济、社会、法律、风俗习惯等投资合作信息,"今晚海外网"推出了"一带一路"沿线国家投资指南专题,客观介绍沿线各国的投资合作环境,并对企业跨国经营应注意的问题给予提示,为有意"走出去"投资发展的中国企业提供参考。

上述由"今晚海外网"组织策划的专题资讯,不仅丰富了网站的内容,形成了特色,也得到了社会各界的重视和肯定,吸引了更多涉外政府部门、机构组织和企业的关注,使网站在天津对外宣传、涉外活动等领域的影响力日益凸显。2017年 3 月,由国家发改委国际合作中心、南开大学跨国公司研究中心联合主办,中非泰达投资股份有限公司、丝路国际产能合作促进中心承办的"2017 中国境外合作区高峰论坛"活动主办方正是看中了"今晚海外网"立足海内外、关注"一带一路"建设等领域的特点,提出在网站设立活动官方专题,向海内外直播论坛盛况。

(二)2017 年 3 月之后

2017 年 3 月 31 日,按照中共天津市委的重大战略部署,依托北方网新媒体集团强大的技术优势,融合中央驻津媒体、天津日报、今晚报、天津广播电视台、北方网等主流媒体的优质资源打造的"津云"中央厨房正式启动运行。作为中央厨房内容聚合的重要载体,"津云"客户端也同期正式上线。

津云新媒体是天津市推动传统媒体和新兴媒体融合的一项顶层设计。根据市委部署和市委宣传部要求,津云新媒体整合全市新媒体资源,打造国内一流且在全球有影响力的新型主流媒体,做强津云品牌,建设拥有强大实力和传播力、公信力、影响力的新型媒体集团。经过近一年试运行,2018 年 1 月,原北方网新媒体集团股份有限公司更名为津云新媒体集团股份有限公司;2018 年 4 月,天津日报传媒集团的"天津网"、今晚传媒集团的"今晚网"以及天津日报微博、微信整体并入津云新媒体集团;撤并新闻 117、前沿、问津三个客户端资源,组建津云App,与北方网、系列双微、头条号等一体运营,形成载体多样、渠道丰富、覆盖面广的新媒体传播矩阵。《天津日报》《今晚报》《每日新报》《城市快报》中从事新媒体业务的员工签约津云新媒体集团,事业编员工将身份冻结在原单位,企业编职工与津云新媒体重新签订劳动合同,全集团员工身份一致,使用一套薪酬考评体系。

传统媒体的专业采编优势和新媒体的技术优势、资金实力充分结合,使得津云的新闻原创能力和传播力明显提高,平台和人员的整合也带动了产品样态的创新。微视频、动新闻、短音频、机器人写稿、无人机采集、虚拟现实等技术从无到有,实现了突破。津云中央厨房将两报两台采编力量统筹设计到生产流程当中,策采编发协同作战,采编资源、新闻产品双向共享已成常态,媒体间建立了有效的信源补偿和稿酬激励机制。经过平台、人员、产品和流程等方面的融合,天津媒体的传媒主力军通过各种方式加速投入到互联网这个舆论斗争的主阵地、主战场中。

第三章　天津外宣与互联网上的天津

一个国家、一个地区的形象离不开媒体的塑造和传播,其中"自塑"部分尤为重要。据中国互联网络信息中心发布的第 43 次《中国互联网络发展状况统计报告》,截至 2018 年 12 月底,中国网民数量为 8.29 亿,其中手机用户规模达 8.17 亿,几乎人手一机。在人人都可以上网浏览信息、发表评论的当下,专业媒体的报道可以塑造城市形象,传播城市形象,网民的评头论足也发挥着同样的作用。因此,课题组决定从网络上抓取有关天津的内容进行研究。

鉴于内容是海量的,课题组决定选择常规报道和突发事件报道这两方面作为对象抓取数据。

一、常规报道与突发事件报道

关于常规报道与外宣相关的部分,课题组从两个维度进行考察,一是在天津举行的重大国际活动,一是天津媒体外宣工作的自选动作,由此选择了"天津夏季达沃斯""洋眼看天津"这两个专题。突发事件部分,课题组选择了曾经引发网络热议的天津蓟县大火和天津港爆燃事故,委托中国科学院心理研究所朱廷劭团队进行新浪微博的大数据抓取,在数据抓取时,为了避免数据重复,只抓取了原创文章和评论两类数据。课题组对抓取回来的数据进行了词频分析。

（一）天津夏季达沃斯报道

从 2007 年开始,夏季达沃斯在中国举办,至今已经 13 个年头了。会议伊始,就有两个会址,单数年在大连举办,双数年在天津举办。2018 年 9 月 18 日是天津夏季达沃斯开幕的日子,会期三天。课题组对会议报道进行了数据抓取。

1. 研究方法

鉴于天津夏季达沃斯是天津承办的国际性会议,届时国务院总理会莅临参加,央媒必然参与报道,因此课题组不仅选择天津媒体,还把央媒纳入了研究范围。课题组选择的央媒是《人民日报》和《经济日报》,具体样本为 2018 年 9 月 18 日至 2018 年 9 月 21 日的《人民日报》微信公众号及《人民日报》电子版,2018 年 9 月 18 日至 2018 年 9 月 21 日的《经济日报》电子版;选择的天津媒体是《天津日报》和"北方网",具体样本为 2018 年 9 月 1 日至 2018 年 9 月 20 日的《天津日报》微信公众号,以及 2018 年 9 月 20 日的北方网的内容。课题组使用 Python 对样本进行了词频分析。

2. 研究结果

(1)传播主体

传播主体方面,津云自采稿件在媒体中居于首位。词频中位列前十的热词有两个是与天津网媒相关的,第一个是津云新闻编辑"刘颖"(热词第七),第二个是"北方网"(热词第八)。仅仅 2018 年 9 月 20 日一天,北方网的发稿量就有 1 340 条。

(2)传播内容

传播内容方面,"创新发展"是所有媒体报道的重点,"创新"一词在《人民日报》位列热词首位,在《经济日报》位列第二,在北方网位列第五,在《天津日报》位列第八,但都是第一个出场动词。在北方网样本中,"创新"前面的热词分别是:"达沃斯"(227)、"天津"(181)、"论坛"(150)、"中国"(116)。在《天津日报》样本中,"创新"前面的热词分别是:"天津"(71)、"达沃斯"(70)、"论坛"(45)、"中国"(33)、"2018"(30)、"夏季"(28)、"经济"(24)。

天津媒体作为主办方媒体,对夏季达沃斯召开前的准备工作进行了报道,比如北方网样本中"志愿者"位列热词第 14,"交通出行"位列热词第 71;《天津日报》样本中,"特警"位列第 22,"改走"位列第 23。

除了会展常规报道之外,课题组对与天津外宣相关的报道做了统计,统计结果是:与天津外宣相关的报道数量不多。

《天津日报》样本中发现 4 篇。其中,关于人的有 2 篇,分别是《市政府授予世界经济论坛创始人兼执行主席施瓦布"天津市荣誉市民"称号》《达沃斯 2018 青年科学家榜单发布:天津三人入围》。后者介绍说:"在世界经济论坛第 12 届新领军者年会召开之际,世界经济论坛发布 2018 年度青年科学家榜单,三位来自生物医药领域的天津科学家入围。"三位入围的天津科学家分别是：专门研究心血管疾病致病原因的天津医科大学教授艾玎、研发用于早期疾病诊断传感器的天津大学教授段学欣、研究方向为环境因素和遗传性疾病关系的南开大学药物化学生物学国家重点实验室教授杨娜。报道说："在本次评选中，全世界范围内一共有36位科学家入选，所有入选科学家的年龄都在40周岁以下，他们在人工智能、生物学和生物医药、物理学和材料科学、能源和量子计算等广泛领域潜心研究，不断拓展科学前沿，为改善人类健康、推动可持续发展、促进社会包容和平等作出了贡献。"关于活动的有1篇，题目为《达沃斯媒体采访团考察海河提升改造工程》。关于创新主题的有1篇，题目为《以质为帅"滚石上山"——天津创新竞进加快换装发展新引擎》，报道重点介绍了3家企业，它们是天津光电集团有限公司、康希诺生物股份公司、一飞智控（天津）科技有限公司，简略介绍了"创新创业通票"（简称"创通票"）制度、高效政企互通平台和众创空间。

3. 结论与启示

第一，天津的网络媒体发稿量大，"津云"在2018年天津夏季达沃斯论坛中的自采稿件量处在媒体第一。

第二，较之《人民日报》和《经济日报》，在内容上，天津媒体突出了论坛地点，而央媒突出的是论坛主题。

第三，承办国际会议，常常是会展搭台，经济唱戏或文化唱戏，意思是说办会只是一种手段，目的在于展示自身，争取合作机会。那么天津在国际和国内有哪些说得出去拿得出来的硬货呢？《天津日报》是天津市委机关报，资历老，权威性强，历来以政治经济报道内容全面著称，在2018年9月1—20日期间，只有4篇展示天津的稿件，数量少是显而易见的。至于原因是准备不足还是无米下锅，抑或二者皆有，还有待进一步了解。

（二）洋眼看天津

"洋眼看天津"是北方网上的一个专栏，集中了天津媒体对所举办的部分外宣活动的报道。

1. 研究方法

课题组以"外眼看天津""洋眼看天津"为关键词搜索北方网，共获得新闻报道68篇。这68篇报道就是课题组研究的样本。

68篇报道中，2012年10篇，2013年1篇，2014年13篇，2015年37篇，2017年7篇。

68 篇报道与媒体主办活动的相关度达到 98.5%。除了 2013 年的一篇稿件外,其余都是关于媒体主办活动的报道。这些媒体活动分别是:2012 年、2014 年、2017 年举办的第一届、第二届、第三届"洋眼看天津"摄影比赛,2014 年的"魅力中国——外籍人才眼中最具吸引力的中国城市"评选,2015 年的"美丽天津春季系列旅游活动"和第二届五大道国际文化艺术节等。其中与同名摄影比赛相关的报道有 30 篇,占该栏目总数的 44%。

68 篇报道中,媒体来源主要是今晚网(17)、北方网(13)、《天津日报》(11)、《渤海早报》(11)、《城市快报》(5)、《每日新报》(5)、天津广播电视台(2)、津云(1)、《中老年时报》(1)、人民网旅游频道(1)、天津市国土房管局政府网(1)。

课题组使用 Python 对样本进行了全文词频分析和直接引语(外国人说的话)词频分析。

2. 研究结果

词频分析结果如下:

(1)全文词频分析

按照褒义词贬义词中性词分类,未发现贬义词。样本中的形容词全部都是褒义词。名列前茅的形容词是:"美丽""欢乐""魅力""喜乐""如意""津味""精彩"。

名列前十的名词是:"天津""活动""大道""文化""游客""五一""艺术节""摄影""旅游""国际"。

名列前十的动词是:"举办""游览""踏青""拍摄""主办""抓拍""体验""参观""展示""接待"。

(2)直接引语词频分析

直接引语词频分析中未发现贬义词。样本中的形容词全部都是褒义词。使用的形容词不足 10 个,只有 8 个。这八个形容词的词频分别是:"和谐""津味""浓浓的""国际化""人情味""博大精深""志同道合""深深"。

样本中名列前十的名词是:"天津""天津人""文化""英语""发展""照片""街头巷尾""历史""大姐""语言"。

名列前十的动词是:"了解""感动""带给""游玩""结识""体验""荡漾""迷恋""拥有""热爱"。

3. 结论与启示

根据直接引语词频里的名词,课题组发现,外国人的关注点是天津发展、天津文化历史和天津市民生活。这与外国媒体对中国经济、文化历史和社会生活的报道高度重合。而外国媒体在有关中国的报道中所涉及的政治、宗教和人权问题等,直接引语中未提及。

比较全文词频和直接引语词频里的动词,课题组发现二者相同的词是"游览""游玩"和"体验",全文词频的动词频次高的是"举办""主办"和"拍摄""抓拍",直接引语的动词频次高的是表达感受的词语,比如"感动""荡漾""迷恋""热爱"等,反映着在津外国人对天津的满意度。

这种"活动+正面感受"的报道框架是一种常用宣传方式。对于记者而言,这类新闻易采好写,便于复制,稿件充满正能量,同时以小见大,反映了天津良好的形象,具有良好的社会传播效果。

不过对于采访对象而言,有两点需要注意。一是媒体是主办方,主人在活动中询问客人对于活动的感受,客人的回答往往是夸赞和感谢,这是社交的基本礼仪。如果此时客人说出不中听的话,是很失礼的。一般情况下,主人知道客人说的是社交用语,也不会太当真,但如果把客人对主人使用的社交用语变成活动当事人对记者说的话,话语性质就会发生变化。这种变化的危害有三点:第一,如果一个记者真的分不清社交用语和真实表达,记者职业素质堪忧;第二,如果一个记者知道两者的区别,但仍有意为之,这个记者是不诚实的,行为失范,理应受到媒体或行业职业道德的负面评价;第三,如果这是媒体或行业默许行为或肯定行为,媒体的公信力必然受到损害。还有一点需要注意,感受是很个人化的东西。在采访中,并不是所有的采访对象都乐意作出非理性表达。如果媒体主动追求,有些采访对象会觉得是强迫而不配合,有些采访对象会表面上迎合记者但事后给予记者负面评价。

对于习惯于中立报道的外国受众和我国港澳台受众而言,这种报道框架反映出很强烈的倾向性,宣传味儿太重了。

比较全文词频和直接引语词频里的形容词,课题组发现,外国人的直接引语里只有 8 个形容词,大多数形容词为记者所用。例如,使用频次最高的形容词"美丽""快乐""魅力""喜乐""如意",在直接引语中一次都没有出现过。之所以如此,是因为"洋眼看天津"是天津媒体组织策划的各类活动的报道集合,媒体组织策划的这些活动往往是有活动主题的,是媒体和记者对天津形象的塑造。比如第一、二、三届摄影比赛的主题分别是"别样视角、魅力天津"(2012)、"镜头留美丽,感知新天津"(2014)和"展示城市风采,感知美丽天津"(2017)。不过媒体和记者所塑造的天津形象并未成为外国人耳熟能详的热词。根据直接引语词频分析,外国人对天津有"国际化"和"人情味"的印象,这大概就是人们所说的"津味"吧。

（三）天津蓟县大火

2012 年 6 月 30 日,天津蓟县莱德商厦发生火灾,把天津市政府和天津媒体推上了舆论的风口浪尖,批判的声音线上线下都有。俗话说"好事不出门,坏事传千里",在网络环境下,这种作用被进一步放大了。事过数年,网络上还有哪些有关这件事的信息? 当时网民眼中的天津是什么样的? 今天的天津外宣工作可以从这件事中总结借鉴些什么? 课题组对此进行了研究。

1. 研究方法

2018 年 8 月,课题组委托中国科学院心理研究所朱廷劭团队对新浪微博现存的相关内容进行了数据抓取,在抓取时,为了避免数据重复,只抓取了原创文章和评论两类数据。之后课题组在此基础上进行了数据清理,同一 IP 重复内容只保留一条数据,一共获得 2 336 条数据。具体见图 3 - 1。这 2 336 条数据就是课题组研究的样本。

数据量(条)

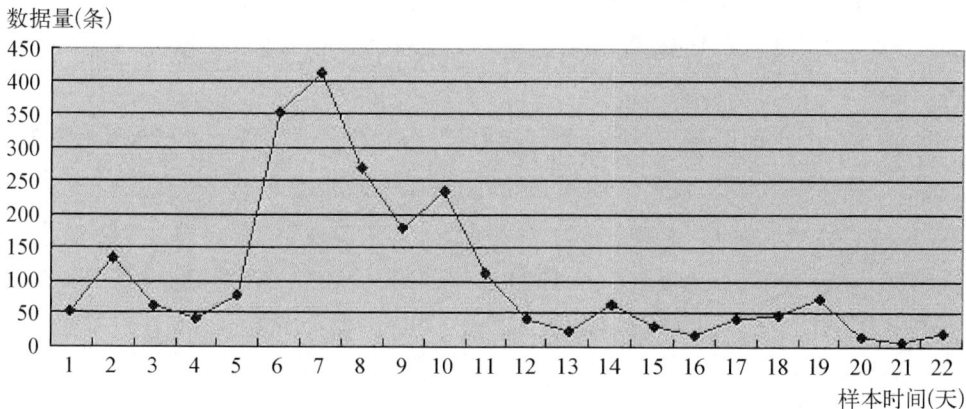

图 3 - 1　新浪微博中有关天津蓟县大火的数据

样本时间分布于 6 月 30 日到 7 月 21 日,共 22 天,其中有 5 个高峰。第一个高峰是事件第二天,这属于正常状态。第二个高峰是第七天,这天的数据是整个事件的最高峰值。这与"头七"这个特殊日子有关,根据风俗,人死后的第七日,家人会举办奠仪对逝者表达不舍与怀念。但从内容上看,并不是这么简单。第三个高峰是第 10 天,出现次生舆情,这个舆情是由"蓟县火灾造谣者被处理"引发的。第四个高峰是第 14 天,国务院安全生产委员会对该起事故实行挂牌督办,查处结果将及时向社会公布。第五个高峰是第 19 天,央视公布调查结果——天津火灾卡车运 300 具尸体说法不实。之后样本数日渐减少。根据样本内容,第一、二、三个数据峰值为负面评价,第四、第五个数据峰值则是正面评价。

2. 词频分析结果

前 100 个热词里除了以个位数计的副词、量词、介词、代词外,其他全部是名词、动词。

(1) 形容词

前 100 个热词里没有形容词。

(2) 副词

前 100 个热词里有 2 个副词,分别是"怎么"(39)、"到底"(36)。这两个词都是语气很重的词语,经常用在诘问句里。

(3) 动词

"分享"和"死亡"在动词里排名第一和第二,在总排名里分别排在第七位和第八位。

名列前十名的动词是:"分享"(350)、"死亡"(280)、"公布"(142)、"发生"(125)、"夸大"(109)、"处理"(104)、"烧死"(87)、"轻伤"(87)、"造谣"(81)、"调查"(69)。

前 100 个热词里有 28 个动词,分别是:"分享"(350)、"死亡"(280)、"公布"(142)、"发生"(125)、"夸大"(109)、"处理"(104)、"烧死"(87)、"轻伤"(87)、"造谣"(81)、"调查"(69)、"跳楼"(62)、"给钱"(56)、"转发"(53)、"逃生"(53)、"起火"(52)、"短路"(50)、"报道"(50)、"扑灭"(50)、"认领"(50)、"遇难"(45)、"质疑"(45)、"引燃"(39)、"传谣"(38)、"监控"(38)、"失火"(38)、"正在"(37)、"公开"(36)、"着火"(36)、"消防"(36)。

(4) 名词

前 100 个热词里,名词占了 66%。其中名列前十的热词里有 8 个名词,分别是:"蓟县"(2 479)、"天津"(1 144)、"火灾"(1 115)、"大火"(963)、"商厦"(735)、"莱德"(590)、"商场"(266)、"火灾事故"(262)。这 8 个名词包含了地点和事件,告诉人们哪里发生了什么,以及这件事的性质。

与火灾相关的名词有 28 个。它们是:"火灾"(1 115)、"大火"(963)、"火灾事故"(262)、"遇难者"(213)、"人数"(163)、"名单"(136)、"真相"(105)、"疑云"(99)、"事故"(97)、"轻伤"(87)、"殡仪馆"(65)、"火灾现场"(61)、"火势"(60)、

"事件"(56)、"卷帘门"(53)、"可燃物"(50)、"电源线"(50)、"谣言"(49)、"一楼"(47)、"室外机"(43)、"人员"(42)、"技术手段"(39)、"超负荷"(38)、"事实"(37)、"身份"(37)、"死亡数"(36)、"死者"(36)。指向事故原因的名词有 4 个,它们是"可燃物""电源线""室外机""超负荷"。表示地点的名词有 3 个,分别是"殡仪馆""火灾现场""一楼"。指向信息数量不足、事实不清晰的名词有 3 个,它们是"真相""疑云""谣言"。

3. 研究结论与启示

蓟县大火的相关舆情出现了五个高峰,其中第二个、第三个高峰产生的次生舆情很值得研究。一直到火灾后第 14 天国务院安委会挂牌督办此事,舆情才发生了逆转。第 19 天,央视公布调查结果,回应网友关注的死亡人数,算是给这件事画上了句号。这本是一则地方新闻,结果却由上一级政府和央媒来以正视听,不得不说有许多地方需要总结和思考。下面课题组从事实陈述、人情味、责任、矛盾冲突、媒体来源等五个方面加以阐述。

(1) 事实陈述

事实陈述分为三部分:第一部分是已完成的事实,比如发生了什么事;第二部分是后续事实,比如事件的详细信息和救援;第三部分是事件后果,比如生命和财产损失。

蓟县大火是事件新闻,信息发布方和媒体需要第一时间及时准确告诉受众的就是发生了什么事,事件的结果如何。样本词频排名前十的热词反映的就是这种信息需求。这十个热词是:"蓟县"(2 479)、"天津"(1 144)、"火灾"(1 115)、"大火"(963)、"商厦"(735)、"莱德"(590)、"分享"(350)、"死亡"(280)、"商场"(266)、"火灾事故"(262)。它告诉受众某地着火了,有人死亡。

紧接着人们需要更多更详细的信息,比如着火这个话题,人们渴望了解起火是如何发现的,人们是如何逃生和救火的,失火原因是什么,是意外还是人为的。比如死亡这个话题,人们需要知道死伤状况,是否有人失踪。

遗憾的是,这部分事实陈述出现了问题。在排名前 100 的名词中,出现了信息流动正常状态下不会出现的热词,比如"网民""真相""疑云""殡仪馆""卷帘门""谣言"和"尸体"。其中,"网民"在热词总排名里排在第 23 位,"真相"尾随其后排名第 24,"疑云"排名第 27,"殡仪馆"排名第 39,"卷帘门"排在第 52 位,"谣言"排名第 62。

事实陈述涵盖的是信息需要的最基本要素,信息缺项或信息供应量不足会产生一种信息饥渴和心理焦虑,出现对事实信息的强需求。热词"真相"就映射出当时人们的这种心理诉求。真相和谣言是一对孪生兄弟,当事件的重要性和信息的模糊性并存的时候,谣言的生长土壤就产生了,之后谣言就不可避免地出现了。根据内容,样本中有多处谣言,其中与后续事实有关的谣言出现了 3 个热词,分别是"卷帘门""殡仪馆"和"尸体"。比如与事件详细信息有关的谣言是:"2012 年 6 月 30 日,TJ 蓟县大火,工作人员一句:未付款者不准出去! 遂关卷帘门,造成数百人亡。"与事件后果中的生命损失有关的谣言是:"事发后有 5 辆卡车运送 300 多具尸体到殡仪馆。"

突发事件发生后,势必出现信息洼地,此时需要及时准确不间断地发布信息,满足受众的信息需要。信息发布方和媒体提供的信息数量不足,事实模糊不清,谣言就开始和真相一起赛跑。出现了谣言,并不可怕;用准确的事实来应对事实模糊不清,用增大信息量的办法来满足信息需求,用回应人们关切来加强沟通交流,等等,都是可以用来辟谣的方式方法。在蓟县大火事件中,关于"卷帘门是否放下"的谣言,以及关于死亡人数的谣言,直到第 19 天央视公布调查结果后才算告一段落,持续时间不可谓不长。

(2) 人情味

人情味主要指事件中的情感抚慰和情绪宣泄。生命的逝去引发的情绪反应往往是强烈的,其中天灾人祸导致的突然逝去刺激更大,情绪反应也更强烈。在这个阶段,需要情绪疏导,让悲伤、难过、怨艾、无助等情绪得到宣泄,使情感得到抚慰。痛失亲人的情绪从刺激产生,日渐积累后到达顶峰,之后慢慢回落,需要一段时间。作为权威信息发布者的媒体宜给予人文关怀,这是人之常情,也是人性的温暖之处。

课题组在与死亡相关的情感词中,从三个方面进行了考察。首先,对前 100个热词里的负面词语进行了统计;其次,对样本中有关"死亡"的其他表达词语进行了统计;再次,在报道死亡事件常用的词语里选择了 2 个词进行考察,这 2 个常用词是"不幸"和"悼念"。下面是考察和统计结果。

前 100 个热词里有 26 个负面词语,占比四分之一多。分别是:"火灾"(1 115)、"大火"(963)、"火灾事故"(262)、"事故"(97)、"火灾现场"(61)、"火势"(60)、"事件"(56)、"起火"(52)、"引燃"(39)、"短路"(50)、"失火"(38)、"超负荷"(38)、"着火"(36)、"死亡"(280)、"烧死"(87)、"遇难者"(213)、"殡仪馆"(65)、"跳楼"(62)、"蜡烛"(55)、"逃生"(53)、"遇难"(45)、"死亡数"(36)、"死者"(36)、"轻伤"(87)、"疑云"

（99）、"质疑"（45）。这些词语弥散着悲哀气氛,如此状态下,新闻发言人和新闻媒体进行信息发布,必须要有同理心,要设身处地进行换位思考。

"死亡"在动词里排名第二,在总排名里排第八位。在前100个热词里还有关于死亡的其他表述方式,比如"烧死"（87）、"跳楼"（62）,在前100—150位热词里还有"撞死"（30）、"砸死"（28）,这些词语具有非常强的情感冲击力,占比8.9%。这些词与中性词"死亡"合在一起,占样本数的20.8%,这意味着每五个样本中就有一个。如此密集地谈论死亡,且使用有情感冲击力的表达,说明受众的情绪迫切需要一个出口。

样本中,"不幸"一词只出现过4次,全部出自网友,第一次出现时只有四个字"太不幸了",表达了一种哀伤的情绪,这种情绪后面又出现过一次。第二次则是在说反话:"天津蓟县商场大火,从一楼烧到五楼,不幸中的万幸是在无良经理拉下卷闸门的情况下,只死了10人,对逃出来的几百人是一次多么成功的脱险经历,把这些经历还原,对以后在类似事件发生中的人们又是多大的帮助啊。强烈建议国家,把当天商场的生还者全部召集,还原他们各自逃生的经过。"这里,情绪与谣言肩并肩,已经联系在一起,而且反话透露出批评的意味了。

"悼念"一词并没有进入热词前100名。这不太正常。课题组进行了样本内容分析,"悼念"第一次出现的时间是火灾后第三天,是网友提出的,内容为:"【沉痛悼念6·30天津蓟县火灾死难者!】7月1日天津官方媒体在集体睡觉,死难者亲属在哭泣。我们有良知!我们要为死难者悼念!"此时网民自发的"悼念"行为不仅仅是对死难者的哀思,对活着的人的情感抚慰,更是对这一事件里情感抚慰缺失后的一种补缺,里面还包含着一种强烈的不满和对天津媒体的批判。

信息发布者和新闻发言人、媒体在陈述事实之余理应进行人文关怀和情感抚慰,很遗憾,样本中缺少这部分内容。如果样本的内容反映了客观实际,则说明新闻发言人和媒体在处理灾难事件的报道方面缺乏预案,沟通时没有换位思考,缺少同理心。

（3）责任

原因调查和责任探讨也是突发事件报道的规定内容。按照管理流程,问责内容可分为两部分:谁在管?管到位了吗?

一般而言,火灾发生后,各方关注点首先在于起火原因或事故原因调查,思考如何才能规避风险。因此出现起火原因或事故原因调查是合乎常理的举动,调查主体是消防部门与涉事单位。在事件的后续事实中,谣言是信息发布者需要高度关注的地方,要在后续信息发布过程中及时辟谣,以准确的事实澄清模糊不实的信息,提供更多的信息回应舆论关切。

但在样本热词中,调查主体有警方、消防、媒体记者(非本地)、民间机构或个人、检察院、政府,调查问题有起火原因、事故原因、真相、死亡名单、谣言,出现了多个调查主体、多个调查问题。舆论关注的则是死亡名单调查(216)和真相调查(177),一方面反映出事实信息供应不足,另一方面反映出事实信息公开迟滞带来的猜忌和怀疑,隐含着对信息发布方和媒体的信任危机。

根据样本,"质疑"的热词排名是第66位。网上问责的声音首次出现在火灾后第三天,"【沉痛悼念6·30天津蓟县火灾死难者!】7月1日天津官方媒体在集体睡觉,死难者亲属在哭泣",表达了对信息发布方和新闻媒体缺位的不满。之后问责声音持续不断。火灾后第四天,网友对信息发布方和本地媒体的情感缺失表达了不满:"今天天津市政府新闻办寥寥几句对蓟县大火的官方报道,明显避重就轻,大火当天报道就提到有人失踪,今天一改口径'无人失踪',你信吗?10名死者,9名为商厦工作人员,1名为顾客,还是要问:你信吗?另官方报道对事情的调查只字不提!天津媒体通稿全是一样,在你们眼中,逝者生命如草芥一般,说句悼念很难吗?"火灾后第七天,按照习俗悼念遇难者,此时出现了批评天津媒体和信息发布方的声音,有的批评是中肯的:"天津市政府新闻办刚刚通过微博就蓟县火灾事故通报,并详细公布了10名遇难者的姓名和身份,但没有就网上有关死亡人数远超此数的传言作出回应。""新闻哥:【天津大火:十条人命与170字简讯】同是发生大火,前年上海在第一时间就受到了举国关注和悼念,当地媒体对灾情的细节报道起了很大作用。而本次蓟县大火,即便只有10人遇难,过了这么多天,天津媒体只用170字来报道,即便从人道主义的角度来考虑,也是完全说不过去的。"有的批评属于情绪性表达:"昨天给老妈电话询问得知,现在蓟县殡仪馆警察封锁,无关人员不得进入。莱德附近早已戒严,不得两人以上谈论火灾,已上升为政治话题,不得民众'诋毁'政府。死者家属、在蓟县记者均被隔离,每人赔偿60万,签保密协议。[泪][泪]擦,我们的声音有谁能听到?连悼念死者,zf都管制[泪]。"有的批评是建立在谣言基础上的:"今天看到两则新闻,让我很难受:天津蓟县莱德商厦6·30大火,几百人死亡,当地政府通报10死——官员的良心被狗吃了。"

情绪性言论具有过激和一过性的特点。因为过激所以往往是非理性的,需要加以引导;因为一过性也决定了这种情绪是暂时的,情境改变了,情绪性言论也就消失了。但是建立在谣言基础上的评判,则不同。这里不是评判出了问题,而是评判所依据的事实是虚假的。此时批评、贬低说话者都是无用的。在事实无法核实的一段时间或较长时间内,说话者往往采用主观真实的办法,即选择自己认为准确的事实并采信它,用来指导自己未来的行为。这很容易导致冲突。

(4)矛盾冲突

在样本中,课题组发现了3个冲突迹象。

首先是警方处理造谣者引发了舆论反弹。样本的前100名热词中,有10个行为主体,它们分别是:"网民"(106)、"顾客"(93)、"警方"(65)、"官方"(62)、"政府"(45)、"公安部门"(45)、"天津市政府"(41)、"亲历者"(41)、"消防队"(40)、"老板"(37)。网民成为被报道最多的行为主体,这很不正常。因为"网民"与"着火"和"死亡"这两个话题没有直接关联。那么网民是因何成为报道对象的呢?根据样本内容,原因在于一则题为《个别网民夸大蓟县火灾死亡人数被处理》的消息被大量分享和评论。

课题组在前100个热词里进行了褒义词和贬义词统计。统计之后得到褒义词0个,得到贬义词3个,分别是:"夸大"(109)、"造谣"(81)、"传谣"(38)。根据样本内容,这三个贬义词的指向都是网民,网民成了被批评的对象。

出现谣言,辟谣是必须做的。从公共关系角度说,谣言和辟谣应该像一对孪生姐妹,有谣言的地方,辟谣就要第一时间到场,否则就会谣言满天飞;如果辟谣滞后,没有第一时间出场,那么"造谣一张嘴,辟谣跑断腿"就不可避免地出现了。

在样本中,"辟谣"的热词排名是第110位。样本内容多为"求辟谣"。有的样本就需要"辟"的谣言说得比较清楚,比如:"《都市报道》正在给蓟县商场火灾的事辟谣[晕],电视里和网上到底信谁的?"如果此时事实陈述跟上,特别是有关事件的详细信息跟上,信息洼地被填平,后续的冲突也许就不会出现了。

处理造谣者也是应有之义,但引发舆情反弹就不正常了。究其原因,与未能提供有针对性的一手材料有关。从理论角度,谣言的出现需要同时具备两个要素,一是这件事非常重要,二是信息不足且模糊。通常应对的办法就是针对谣言加大信息提供量,不断提供更多的准确信息和一手信息,满足人们的信息需要。当人们的信息需要被满足时,谣言也就失去了生存的环境,在这种状况下,造谣者实际是不得人心的,依法处理造谣者是件令人拍手称快的事情。但在辟谣信息不足的情况下高调处理造谣者,很多时候会被曲解为封口。此外从认知层面上说,第一,事实是评判产生的基础,评断是主观之于客观事实的意见和判断,对于评判者而言,要严格遵循先客观后主观的顺序;第二,客观事实是客观存在,具有唯一性,而主观评判是意见和看法,可以仁者见仁智者见智;第三,存在误判的可能性。这决定了在一个突发事件中要获得好的传播效果,事实传播是第一位的。对事实的评判要和事实一起呈现,当事实呈现不足的时候,正确的评判也得不到认同。因此在辟谣和处理造谣者之间,需要先辟谣,让谣言无处遁形,这样处理造谣者的效果才好。

其次是线下的"管控"和"通讯管制"。样本热词里有"管控""管制"两个词,这两个词里的冲突意味引起了课题组的关注。"管控"的热词排名是第 107 位。样本内容为:"【蓟县大火头七,大批市民自发哀悼殡仪馆等被管控】昨日,天津官方发布消息,蓟县莱德商厦火灾事故犯罪嫌疑人已移送司法机关处理,相关责任人正在调查认定。在蓟县采访的记者介绍,'头七'当天,蓟县的医院、殡仪馆、莱德宾馆等与火灾相关联地点,均被当地相关部门管控。"近似的表达还有动词"管制"。比如"大火头七日,蓟县实行交通和通讯管制""大火'头七'蓟县实行通讯管制,失火商厦附近要道实行交通管制,县城手机互联网信号中断"。仅仅依靠样本无法核实上述信息是否属实。因为没有针对这部分的辟谣内容,在当时的舆论状态下,网民往往会推论其确实存在。

再次是线上的技控。技控指的是用技术手段对网上信息进行管控,俗称删帖。有样本对技控提出了质疑,表达了不满:"这是我昨天转发的一条微博,之后又被@我滴名字是金店转发了。内容是蓟县火灾的一些真相(我希望是假的),现在这条微博被和谐了,原因是'此微博不宜公开'。我就奇怪了,微博里没任何政治色彩,也无色情内容,为嘛就不宜公开? 如果你认为是假的可以辟谣呀,你堵得上别人的嘴但束缚得了别人的思想吗?"

在法律规定的紧急状态下,技控本身是一种合法的处理方式。技控可以减少某些信息的存留时间,降低由此带来的危害。一般而言,要想防控效果好,需要满足一些条件,比如事件处于萌芽状态或空间相对封闭等。

(5) 媒体来源

"分享"在动词里排名第一,在总排名里排第七位。根据内容,课题组发现分享之后跟着媒体名称,课题组对媒体来源进行了统计,发现新浪微博用户主要分享了"头条新闻"(170)、"微博"(143)、"央视"(85)、"网易"(76)、"新浪"(47)、"优酷网"(38)、"凤凰客户端"(26)、"东方时空"(26)这些媒体的内容。其中来自传统媒体的样本,即来自央视、东方时空、凤凰客户端的样本是 137 个,占总样本数的 24％；来自商业网站和平台的样本，即来自头条新闻、微博、网易、优酷网等平台的样本是 427 个，占总样本数的 76％。

新浪微博是一个社交平台，平台是没有采编权的，平台上的内容来自三类传播主体，分别是机构媒体、专业媒体和自媒体。这里的机构媒体是指政府部门或企事业单位的官方网站、两微一端。专业媒体是指有新闻采访权的媒体，包括传统媒体的纸媒和广播电视，也包括这些媒体进行媒介融合之后的各种形态。自媒体是指以个人名义开设的网页和两微一端。一般而言，具有新闻采编权的媒体在发稿的时候使用消息头"本报讯"或"本台消息"，没有新闻采编权的机构媒体发表机构内部信息。无论哪类媒体，如果使用其他媒体的文章，根据《著作权法》规定，转载文章要注明媒体来源。

在这个事件中，有四分之一的样本转载自央视、东方时空、凤凰客户端，四分之三的样本转载自其他平台。因为平台的内容也有可能来自有采编权的媒体，因此实际来自媒体的内容要高于四分之一。不过新浪微博的用户大多还是通过社交平台获取突发事件的资讯，而不是去传统媒体网站，这点是肯定的。

在社交平台上看资讯与在传统媒体网络版上看资讯，看点是不同的。社交平台上传播主体多元，注意力决定流量，求新求快成为特点，在信息的第一落点和观点的第一落点上具有优势，往往事件的首发媒体是社交平台，紧接着七嘴八舌众说纷纭也汇聚在社交平台上。

传统媒体资讯权威，注重导向和社会效果，在信息的第一落点和观点的第一落点上处于劣势。其长处是在信息的第二落点——新闻调查上，这是传统媒体或专业媒体的长项，正是它们的参与使得一部分事件水落石出，以正视听。而在观点表达方面，传统媒体常常代表媒体或某个组织，与个人直抒胸臆相比，时间上往往不占优势，但观点的权威性毋庸置疑，只是在网络上，官方态度只是多元观点中的一元，要在网络上参差多态的观念和意见市场中发挥引导舆论作用，还需寻求最大的共识。

从谣言治理角度观察，社交平台不属于传播主体，对传播内容失实不是第一责任人，但是社交平台又是信息第一大集散地，是人们获得信息的首选之处，那么平台对于谣言的传播是否负有责任？如果有责任，平台作为转载者应承担什么样的责任？平台通过算法将包含谣言的信息热推，该承担什么责任？平台如何判断某条信息是不是谣言？依据是什么？这些问题值得关注。

（四）天津港 8·12 特别重大火灾爆炸事故

2015 年 8 月 12 日 23∶30 左右,位于天津市滨海新区天津港的瑞海公司危险品仓库发生火灾爆炸事故,造成 165 人遇难(其中参与救援处置的公安现役消防人员 24 人、天津港消防人员 75 人、公安民警 11 人,事故企业、周边企业员工和居民 55 人),8 人失踪(其中天津消防人员 5 人,周边企业员工、天津港消防人员家属 3 人),798 人受伤(伤情重及较重的伤员 58 人、轻伤员 740 人),304 幢建筑物、12 428 辆汽车、7 533 个集装箱受损。截至 2015 年 12 月 10 日,依据《企业职工伤亡事故经济损失统计标准》等标准和规定统计,已核定的直接经济损失达 68.66 亿元。经国务院调查组认定,天津港"8·12"瑞海公司危险品仓库火灾爆炸事故是一起特别重大生产安全责任事故。

这件事发生在蓟县大火之后,这次,天津的应对状况如何? 网民对这次信息发布是否满意? 媒体在报道过程中塑造的天津形象是什么样子的? 网民眼中的天津是什么样的? 从这件事中可以总结借鉴些什么? 课题组对此进行了研究。

1. 研究方法

课题组委托中国科学院心理研究所朱廷劭团队在新浪微博上进行了数据抓取,在抓取时,为了避免数据重复,只抓取了原创文章和评论两类数据。之后课题组在此基础上进行了数据清理,同一 IP 中的重复内容只保留一条数据,一共获得 862 条数据。具体见图 3-2。这 862 条数据就是课题组研究的样本。

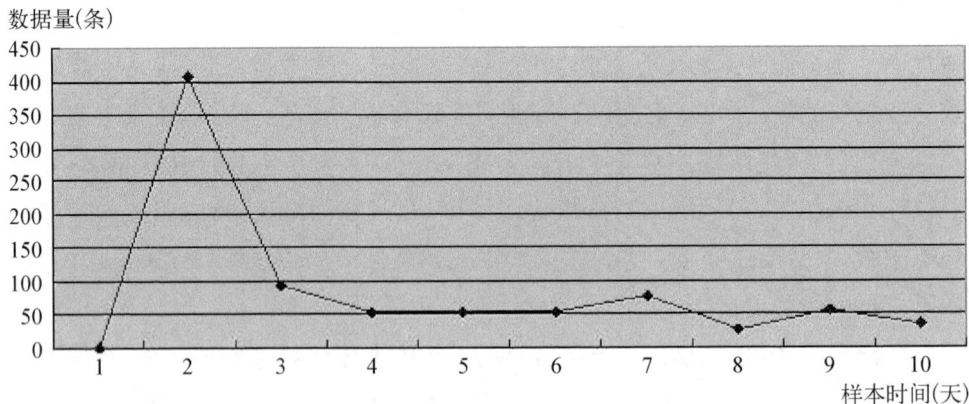

图 3-2　新浪微博中有关天津港重大火灾爆炸事故的数据

样本时间一共 10 天,分为两个阶段,第一阶段是事件发生阶段(2015 年 8 月 12—20 日,共 9 天),第二阶段是次年 2 月 5 日,天津港爆炸事故调查报告公布。在样本时间分布方面,事件当天没有抓取到数据,事件后第 2 天到达最高峰,从第 3 天起到第 10 天数据数量平稳,未见异动。事件发生后第 7 天虽然有一个小小的高峰,但数据量在两位数以内,未见明显异常。

2. 词频分析结果

课题组对抓取回来的数据进行了词频分析,前 100 个热词,去除各类数字之后,留下 76 个热词。其中 54 个名词、21 个动词、1 个形容词。下面分述之。

54 个名词分别是:"天津港"(1 076)、"事故"(832)、"天津"(213)、"塘沽"(127)、"蜡烛"(104)、"新闻"(70)、"消防"(59)、"瑞海"(57)、"消防员"(56)、《人民日报》(44)、"滨海新区"(38)、"微博"(36)、"事故责任"(34)、"消防官兵"(34)、"仓库"(33)、"滨海"(33)、"危险品"(32)、"现场"(32)、"话筒"(31)、"调查报告"(30)、"习近平"(30)、"消防人员"(30)、"逝者"(29)、"医院"(29)、"我们"(28)、"英雄"(27)、"凤凰网"(27)、"你们"(27)、"中心医院"(27)、"救援车辆"(27)、"南开区"(27)、"河东区"(27)、"津南区"(27)、"和平区"(27)、"眼科医院"(27)、"总医院"(27)、"客户端"(26)、"新浪"(25)、"遇难者"(25)、"核心区"(25)、"通道"(24)、"生命"(23)、"大街"(23)、"东海路"(23)、"南海路"(23)、"集港"(23)、"八号"(23)、"六号"(23)、"四号"(23)、"新港"(23)、"七号"(23)、"海河"(23)、"网易"(22)、"视频"(22)。

21 个动词分别是:"爆炸"(929)、"分享"(100)、"救援"(57)、"祈福"(53)、"平安"(51)、"牺牲"(44)、"追责"(37)、"让出"(37)、"彻查"(35)、"遇难"(34)、"失联"(34)、"公布"(32)、"祈祷"(27)、"受损"(26)、"别乱"(26)、"安息"(25)、"希望"(24)、"致敬"(23)、"车辆通行"(23)、"绕行"(23)、"人失联"(22)。

1 个形容词:"严肃"(24)。

3. 研究结论与启示

根据文本分析可知,天津港 8·12 特别重大火灾爆炸事故的报道在报道数量上呈正态分布,没有发生次生舆论,舆情处理效果较好。下面课题组从事实陈述、人情味、责任、矛盾冲突、媒体来源等方面对抓取到的样本进行内容分析。

(1)事实陈述

事实陈述分为三部分:第一部分是已完成的事实,比如发生了什么事;第二部分是后续事实,比如爆炸之后的救援;第三部分是事件后果,比如生命和财产损失。事实陈述主要是按照事件本身逻辑进行报道,这部分基本客观中立,没有明显立场。

样本排名前十的热词很好地满足了人们对已完成的事实部分的信息需要。样本排名前十的热词分别是：“天津港”（1 076）、“爆炸”（929）、“事故”（832）、“天津”（213）、“塘沽”（127）、“蜡烛”（104）、“分享”（100）、“新闻”（70）、“消防”（59）、“瑞海”（57）。其中样本排名前三的热词是“天津港”（1 076）、“爆炸”（929）、“事故”（832）。与样本总数相比，“天津港爆炸”是每条样本都包含的词汇，它回应了人们第一时间关注的两个事实：哪里、发生了什么事情。“事故”是一个判断，即事件性质是什么。这个词几乎是每个样本都包含的，这说明确定事情性质的时间是非常早的。从内容上看，第二天就定性了。样本排名前十的其他热词呈现了更多的事实陈述，比如，天津港在天津塘沽，失火单位名称是瑞海，消防队员及时救火等。

救援是后续事实的重要方面。天津市政府连续 10 天共召开 14 次新闻发布会，不断报告搜救动态和人员伤亡情况。在样本排名前 100 的热词中出现了 18个关于救援的词语，分别是：“消防”（59）、“救援”（57）、“消防员”（56）、“让出”（37）、“消防官兵”（34）、“消防人员”（30）、“医院”（29）、“中心医院”（27）、“救援车辆”（27）、“南开区”（27）、“河东区”（27）、“津南区”（27）、“和平区”（27）、“眼科医院”（27）、“总医院”（27）、“别乱”（26）、“车辆通行”（23）、“绕行”（23）。它们涵盖了救援主体和救援提示两方面内容。这里的救援主体有消防员（天津消防总队消防官兵、天津港消防人员）、医护人员（塘沽泰达医院、港口医院、第五中心医院，和平区总医院、眼科医院，河东区第三中心医院，南开区一中心医院，津南区海河医院）。救援提示是“为救援车辆让出生命通道”“在这 8 家医院附近，别乱停车”“请集港车辆绕行其他通道出入港区”。

关于救援，样本中还出现了温情故事。具体内容如下：“我防化兵从天津港爆炸事故核心区救出小狗——被北京军区某防化团战士于 8 月 16 日在天津港爆炸事故核心区救出的幸存小狗‘生化’与恩人们寸步不离。”

关于事件结果，相关信息并不缺少。样本排名前 100 的热词中出现了 4 个词语，分别是：“牺牲”（44）、“遇难”（34）、“失联”（34）、“受损”（26）。这里，生命的逝去、财产的损失都涵盖在里面，暂时还未寻找到的人员也在其列。

（2）人情味

课题组从三个方面对人情味进行了考察，它们分别是褒贬词语、关于死亡的表达和头七这天的内容分析。考察结果如下：

样本前 100 个热词里有 3 个褒义词，分别是：“英雄”（27）、“牺牲”（44）、“致敬"(23)。没有发现贬义词。

关于死亡的表达,课题组从名词和动词两个方面进行词频分析。关于名词"死者"的同义表达有4个,分别是"逝者"(29)、"英雄"(27)、"遇难者"(25)、"生命"(23)。关于动词"死亡"的同义表达,在样本前100个热词中有"牺牲"(44)、"遇难"(34)、"安息"(25)等。鉴于天津港8·12特别重大火灾爆炸事故中生命的损失主要发生在救援中,网民用"祈福"(53)、"平安"(51)、"祈祷"(27)、"致敬"(23)等词表达着内心的意愿和敬意。

头七是个敏感的时段,也是最有人情味的时刻。课题组对头七这天的样本进行了内容分析。头七这天数据较前三天数据量基本持平,未见大的波动。从样本内容看,头七这天活动丰富,具有人情味的官方行动有两项:一是滨海新区举行了集体悼念,二是滨海新区民政局启动追认遇难消防人员为烈士的评定工作。这说明在情感表达上政府没有缺位,在职责范围内没有出现推诿扯皮不作为。合在一起表达着这样一种意思:政府在现场,与大家一起共克时艰。

具有人情味的表达是致哀和致敬、"英雄没有编外,所有的牺牲都值得最高的敬意"。致哀和致敬的主体有网民也有《人民日报》,不同之处在于网民表达的是对逝去的哀痛、感伤和无力,而《人民日报》侧重向逝去的战士致敬,强调生者要坚强,承诺会关注调查结果,给那些牺牲与生命以交代。比如:"【今日头七,为那些逝去的生命发条微博[蜡烛]】114人遇难,70人失联,让人痛心的数字。今天,♯天津港爆炸事故♯头七,转发微博,向遇难同胞致哀,向用生命书写使命的消防员致敬。我们悲伤,可不能止于悲伤。也在今天,承诺:关注调查结果,给那些牺牲与生命以交代,以证明逝者安息生者坚强 via 人民日报。"比如:"【今日向逝去的战士致敬!】他们中,有90后年轻的消防战士,有60后敬业工作的民警;在那场爆炸事故中,他们都无畏践行着使命与承诺,把青春与生命定格于火场。今日头七,点支[蜡烛],送别这些勇敢的战士。英雄没有编外,所有的牺牲都值得最高的敬意。走好愿安息![蜡烛]人民日报。"这两条致哀和致敬的文本堪称典范,起到了很好的引导舆论的作用。

"英雄没有编外,所有的牺牲都值得最高的敬意"是《人民日报》的态度。在这次救援行动中,牺牲的消防人员中有在编的消防官兵,也有从事消防工作的编外人员。针对"同是英雄不同命"的各种议论,《人民日报》的表态一可以让逝者安息,使逝者家属得到慰藉,有利于悼念活动及抚恤工作顺利进行;二是在这件事情中,消防队员的火场"逆行者"形象得到人们的高度肯定与称赞,"不要让英雄落泪""不要让这一行业后继乏人"是人们的期盼也是舆论的关注点。这句话是一个价值判断,说的是值得不值得的问题,是提倡社会主义核心价值观中爱岗敬业的典型文本;这句话的情感表达非常强烈,"所有的牺牲""最高的敬意",满满的都是正能量。至于由此带来的担心,比如以后编外人员是否都可参考这一案例执行等,倒是不必过于纠结,因为改革中出现的问题在改革中会慢慢得到解决。

（3）责任

爆炸发生后紧跟着救援,展开救援的同时,事故原因、性质和责任也成为人们关注的话题。课题组从追责态度、追责行为和网民反应三个维度进行了分析。

关于追责态度,课题组从表态者和态度两方面进行了数据梳理,发现在这一事件中,表态者及态度都达到最高级。

表态者的身份对于态度而言,其重要性不言而喻。在样本中,"习近平"是前100位热词中唯一的人名,位居热词排名第34位。具体样本内容为:"【习近平:彻查天津港爆炸事故责任并严肃追责】习近平对天津滨海新区危险品仓库爆炸事故作出重要指示,要求尽快控制、消除火情,全力救治伤员,确保人民生命财产安全。""中国国家主席习近平要求查清事故原因、性质和责任,不放过一丝疑点,不论涉及谁都要一查到底,依法依规严肃追责,对涉及玩忽职守、失职渎职、违法违规的绝不姑息,给社会一个负责任的交代。"句子里,表达态度的往往是形容词和副词,样本前100个热词中,形容词和副词只有两个,这两个词都与追责有关,分别是"彻查"（35）和"严肃"（24）,具体内容是"彻查事故责任"和"严肃追责"。总书记表态要彻查事故责任并严肃追责,毋庸置疑是一个国家最高级别的重视态度了。

关于追责行为,课题组从政府官员、追责行为两方面进行了数据梳理。

样本中多次提及国务院总理李克强。尽管总理的姓名未排进前100位热词,但李克强赶赴现场部署救援救治等工作的报道在样本中十分醒目。具体内容为:"【李克强赶赴现场部署救援救治等工作】16日下午,中共中央政治局常委、国务院总理李克强代表党中央、国务院,代表习近平总书记,赶赴天津港8·12特别重大火灾爆炸事故现场,看望慰问消防队员、救援官兵和伤员及受灾群众,部署下一步救援救治、善后处置和安全生产工作。"

天津市和天津港的政府官员,头七之后也成为舆论关注对象,比如"天津港高层仍未出席发布会至今未露面""天津港领导首次出席新闻发布会后已消失数天""天津的市委书记和市长为何一直没出现在新闻发布会？至少主管安全的副市长应该说句话吧？""发布会一位记者问：事故救援由哪位领导牵头？发言人说：这个我不了解。记者追问：你是宣传部部长，怎么会不了解呢？发言人说：下一位记者提问。"

关于追责行为，样本中舆论高度关注的有两方面，一个是危险品调查，一个是事故调查。

关于危险品调查，课题组发现了央视报道危险品调查结果的样本，比如："【公安部消防局副局长：现场存放危化品3 000吨】据央视，公安部消防局副局长表示，事故现场有危化品40余种，其中氰化钠约700吨，硝酸铵约800吨，硝酸钾约500吨。确认的危化品数量约3 000吨。"关于事故调查，课题组发现有关"国务院成立调查组"的样本，比如："国务院成立天津港爆炸事故调查组，杨焕宁任组长（分享自@新浪新闻）确实应该一查到底！所有中国人都在看着呢。"课题组还发现了"最高人民检察院展开调查"的样本，比如："刘和平：最高检如何调查天津港爆炸事故？最高人民检察院已经组织力量对天津港大爆炸事故展开调查，这背后透露出了什么样的信息？"

关于网民反应，从文本的正态分布可以推论网民反应是正向的。课题组对数据进行内容分析后，证实了这一点：网民对于追责是信任的、充满期待的。样本具体内容如下："事故已经发生，上到中央下到地方，正在全力处理，有些人就不要再发一些捕风捉影不切实际的言论添乱了，谁该负什么责任，总归逃脱不了，相信国家会处理好的。""希望不要像股灾一样，调查没结论，追责没下文。""希望真的能一查到底，让牺牲的英雄安息，活着的人不要再因人祸无辜死去。"

（4）矛盾冲突

在样本中，课题组对线上线下的冲突进行了梳理，发现四个冲突点。其中两个冲突点在样本中有回应，两个冲突点没有回应。得到回应的是政府回购危房和危化品对人体健康的影响，没有得到回应的是空气质量检测和涉事企业安评报告公开。

其一，危房。样本内容如下："【天津居民在发布会门前拉横幅请愿】今天上午10点将举行天津港爆炸事故第六次新闻发布会，在美华酒店外，天津启航嘉园社区民众拉横幅请愿。现场秩序井然，四五名身着警服的警察默默地站在酒店门口看着。有家属代表上前与他们沟通，警察低声表示对家属同情，但希望不要闹事。""私有化恶果！——【爆炸附近小区居民再次聚集请愿要求政府回购危房(图)】今天将召开天津港爆炸事故第七次新闻发布会。此刻,就在美华酒店外,多个小区业主请求政府回购,还有业主下跪。现场有特警、武警排队站在酒店外。"就此内容,在第10次新闻发布会上有回应。19日,在爆炸事故第10次新闻发布会上,天津市滨海新区区委书记宗国英表示,按照市场经济规则,回购概念应发生在甲乙双方进行商业买卖合同的基础上。政府已经宣布成立房屋修缮服务中心,修缮过程中,会为居民提供一些过渡安置费。

样本中关于危房还有其他内容,比如:"天津官方宣布以三种方式处置在天津港爆炸事故中受损的住宅后,至今仍有很多居民因对赔偿协议不满意而得不到赔偿,一些居民甚至表示受到放弃索赔的压力。一名在一家国有石油公司上班的杨姓女士表示,公司领导以将她辞退为威胁,逼迫她签署处置协议。但杨女士拒绝合作,因为政府提出的赔偿金根本不够。"

其二,关于危化品是否会导致慢性病。对此,第11次新闻发布会有回应:"环保部应急中心主任田为勇表示,短期影响肯定会有,长期影响正在评估。"

其三,质疑"空气检测正常"。样本原文如下:"农民焚烧秸秆他们不让,说监测到环境重度污染;过年燃放鞭炮他们不让,说监测到环境重度污染;就连马路边烧烤他们都不让,说污染环境。来了一个百年不遇的化学有害物大爆炸,到处监测都正常,我就纳了闷了,你炸的是空气清新剂呀!"在样本中未发现回应文本。

其四,质疑涉事企业"瑞海物流"如何通过安全评价。在样本中未发现回应文本,并发现了持批评态度的样本,原文如下:"【中国安评:造假泛滥,掩耳盗铃】天津港爆炸事故中,涉事企业'瑞海物流'的安全评价报告迟迟未公开,引起多方质疑。除了老生常谈的'信息不透明'外,中国安评假借'市场化'的外衣隐藏了一枚枚定时炸弹,把所有人都蒙在了鼓里。"

(5)问题探讨

谣言是个老话题了,这次辟谣很及时,引导舆论也很及时。比如:"【[话筒]关于#天津港爆炸事故#,这21个消息都是谣言!】天津爆炸事故还在紧张救援中,部分谣言却甚嚣尘上:'方圆两公里内人员全部撤离''事故死亡1300人''700吨氰化钠泄漏毒死全中国人'。灾难面前,不传谣不造谣也是对逝者的最大尊重。"

样本中与"严"相关的另一组词组是"严查谣言"。比如:"【严查涉天津港爆炸事故谣言 360多个网络账号被查处】国家网信办依法对散布谣言和幸灾乐祸的所谓'网络大V'采取禁言或约谈等处罚措施,对@李长青律师等90多个微博账号、'油嘴滑舌'等 70 多个微信公号予以永久关闭,还对 200 多个账号采取临时关闭措施。"从样本内容来看,查处的对象是散布谣言者。这里的散布谣言者是造谣者还是传谣者,并没有细分,所依据的法律是什么也没有具体说明。如果这两部分内容再详细些、再准确些,对于普法和提高民众的认识会更好。

（6）媒体来源

"分享"排在热词第二位。根据样本内容,这次事件的媒体来源分为两类:一类是传统媒体以及传统媒体的网站,比如人民网和凤凰网客户端;一类是社交平台。根据样本数据,60%的稿件来自传统媒体,40%的稿件来自社交平台,如前所述,社交平台没有采编权,只能转载,传统媒体的稿件也在其转载之列,因此,这次报道的主要媒体来源是传统媒体。

这次事件样本中,出现最多的是传统媒体,而且是国家级媒体主力发声。据统计,央媒的报道被分享最多,其中《人民日报》95 次、新华社 16 次、央视 21 次;天津地方媒体的报道被分享和转发的不多,其中《天津日报》只有 2 次,《渤海早报》3 次,《今晚报》、天津广播、天津电视、北方网均为 0,即没有在样本中被分享或转载。

（7）表情包

在样本中有两个表情符号位列热词,一个是"蜡烛"(104),一个是"话筒"(31)。

"蜡烛"反映着祈愿或致敬的情感情绪。它有时在文字前面,有时居中,有时在文末。比如:"[蜡烛][蜡烛][蜡烛]愿伤亡人数不要再增加,送往救治的人早点好[悲伤]。""英雄一路走好！[蜡烛]致敬。""总觉得天津发生了不止一次爆炸。从视频上看危险品仓库离住宅区不远,附近还有汽车仓库。希望这次爆炸过后政府能合理规划危险品、易燃易爆品的安放处。为这次受难的天津人祈福[悲伤][悲伤][蜡烛][蜡烛][蜡烛],希望少些死亡人数。"

"话筒"则与最新信息有关,类似于敲黑板的作用,告诉大家重点来了,让大家过来看。"话筒"一直都在文字前面。比如"【[话筒]转发提醒！在这 8 家医院附近,别乱停车】据@天津交警驾驶员注意,这 8 家医院为:塘沽泰达医院、港口医院、第五中心医院、和平区总医院、眼科医院,河东区第三中心医院,南开区一中心医院,津南区海河医院。为救援车辆让出生命通道！转起！""【[话筒]交通提示！为救援让出通道！】@天津交警：① 请与事故救援处置无关人员不要驾车驶入东海路、南海路、北海路、泰达大街、第五大街、第九大街、新港四号路等事故周边道路;② 天津港六号门、七号门、八号门禁止车辆通行,请集港车辆绕行其他通道出入港区。""【[话筒]最新消息汇总】①目前,已有 6 名消防员牺牲,多名消防员仍失联;② 因爆炸现场危化品数量内容存储不明,大火暂缓扑灭;③ 相关企业负责人已被控制;④ 北京市血液中心,已做好支援天津的准备;⑤ 天津献血预约电话:022 - 25788005。""【[话筒]扩散:化工爆炸自救手册,你该知道,但希望永远用不上】① 第一时间撤离;② 很可能发生二次爆炸,千万不要围观;③ 绕开爆炸区域,向上风方向走;④ 尽可能避开建筑物下方,避免玻璃掉落……♯天津港爆炸事故♯已导致50死70人重伤,遇到化工爆炸应如何自救? 转给更多人!""扩散![话筒]突发爆炸事故应急指南,为了自己,为了家人,一定要知道!""【[话筒]好消息! 一名失联官兵获救啦】@中国青年报获悉,一名此前失联的消防官兵已经获救,被送往医院救治。据悉,这也是事发后失联的消防战士中,第一位获救者。转发,祝他平安!""【[话筒]天津港爆炸事故系列案件一审宣判于学伟被判死缓】11月7日至9日,天津港8·12瑞海公司危险品仓库特别重大火灾爆炸事故系列案件陆续开庭审理并一审宣判,49名被告人被判死缓到一年六个月不等的刑罚。瑞海公司董事长于学伟被判处死刑缓期二年执行。"

4. 存在的问题

根据内容分析,课题组发现天津外宣需要注意如下问题:

第一,网上天津形象与天津的工作成绩有关。在2018年9月1—20日天津夏季达沃斯会议期间,《天津日报》微信公众号除了会展报道,只有4篇展示天津的稿件,"北方网"也只有2篇:《泰凡科技CEO贾勇哲:天津大数据应用分析可视化有广阔市场》《国家发改委正制定新版滨海新区高质量发展实施意见》。

其他媒体关于天津创新主题的报道,据课题组目力所及,也只有3篇,分别是:人民网的《第四次工业革命城市天津炼成记》《达沃斯嘉宾专访天津大学医学部:"智能医学"引发世界关注》,《经济日报》的《借达沃斯东风 建创新型社会——看天津市和平区如何打造"品质和平"》。

新闻属于信息的一种,是对客观存在的一种反映。呈现多少首先取决于是不是存在,如果存在的少,报道数量的少属于正态分布;其次是已有的事实是不是被挖掘被报道出来,这点课题组知之不多,不便评判。但是就媒体传播而言,把现有的材料用足用好是媒体的职责。

第二,从传播的角度来看,存在突发公共事件媒体缺位、传播内容同质化、发不出强有力的声音等问题。

从传播主体来看,常规报道中天津媒体是传播的主力军,在突发公共事件中,网民和央媒则成为传播主力军,天津媒体的缺位对天津外宣工作是不利的。

在上面分析的两起突发公共事件中,所有数据中由天津媒体提供的数量寥寥,事发第1天、第2天均未见天津媒体的数据。

从传播内容来看,天津媒体在常规报道和突发公共事件报道两方面都有问题,共性问题是同质化报道多、报道中有自我表扬嫌疑等。

同质化报道多与认识误区有关,有的媒体从业人员以为宣传就是同一内容的不断重复。其实不然。同一内容不断重复,往往会出现大量的同质化信息,而宣传则是围绕着一个议题不断提供新的信息点,不断提供支持自己观点的新的论据,新闻报道主题相同而内容不同。这种认识误区并不仅仅反映在天津媒体上,相似的标题、相似的内容,只是时间和单位名称发生些许变化,在历次宣传报道中比比皆是,结果就是第一篇之后的报道毫无新鲜感。同质化的信息往往毫无信息量可言。读者阅读时基本是一扫而过。这样不仅没起到宣传引导作用,而且还容易使受众产生厌烦心理。

天津媒体在报道中有自我表扬嫌疑。如"外眼看天津""洋眼看天津"两个专栏的内容,由媒体提供,同时媒体也是活动的主办方之一。稿件中有大量赞美活动的采访内容,这种处理方式有自我表扬的嫌疑。

从传播效果来看,突发公共事件报道发不出强有力的声音,议题未成为受众议题和公众议题。受众议题是指受众个体对于现实社会以及社会中的各种现象、问题的关注点,多为一些与日常工作、生活密切相关而现阶段又尚未解决的内容;公众议题是公众(作为群体)对于现实社会以及社会中的各种现象、问题的关注点。政府议题或者媒体设置的议题如果能够成为公众议题,宣传效果自然事半功倍。受众议题是公众议题形成的基础和前提,公众议题是无数受众议题的集中体现。从传播学的角度说,议题必须成为受众议题才能成为公众议题。

对一般的读者而言,生存和发展是他们关注的主要内容,也是永远排列在前面的受众议题。政府议题和媒介议题的选择如果与受众议题相同、相近、相关,则往往会受到受众的关注。

受众议题的形成源于受众对现实社会以及社会中各种现象和问题模糊不清的认识。它包括新事物、新现象、新情况、新问题,也包括社会转型期出现的诸多现象和问题。此时,如何正确认识现实社会,如何正确认识社会中的各种现象和问题是受众接触媒体的目的,也是议程设置有可能起效的重要途径。只有这样,受众才会依照媒介提示的角度思考,按照媒介对各种问题的重视程度来调整自己对这些问题重要性的看法。

二、针对"天津外宣"目标受众的网络问卷调查

互联网上,只有符合阅听人自身需求、符合阅听人心理活动的信息传播才能达到预期的传播效果,做到有效传播。而那些不顾阅听人需要甚至违反阅听人心理活动规律的传播,必然不能达到预期的传播目的。2019年3月,课题组专门针对外地人进行了网络问卷调查,对网络阅听人了解天津的渠道、内容、方式、途径、意愿、态度等方面做了调查,以期对天津对外宣传有所助益。

(一)研究目的和研究假设

本研究的目的是获知网络阅听人对天津的基本认知和态度。

课题负责人曾于2006—2008年对天津城市形象进行过研究,当时以《天津日报》《今晚报》《人民日报》《经济日报》和《中国日报》(*China Daily*)五家媒体的新闻文本为研究对象,以2006—2008年三个整年为研究时段,从政府形象、经济形象、文化形象、人的形象和城市吸引力五个角度对天津城市形象的塑造和传播进行了调查研究,得出结论为:本地及全国媒体呈现出的天津城市形象是一种弱势形象。[①] 十多年过去了,传统媒体的渠道垄断已经被打破,网络媒体成为人们获知信息的首选,2019年,媒体融合已走入第五个年头,天津城市形象传播是否有所改变呢? 课题组作出以下研究假设:

假设一:互联网成为阅听人了解天津的首选渠道。

互联网已经成为工作生活的必需品,那么今天人们对天津的了解是通过互联网呢,还是传统媒体,抑或是人际交流?

假设二:现在年轻的阅听人是了解今日天津的。

年长的人对历史上的天津的辉煌如数家珍,比如"近代工业看天津",比如结婚三大件——手表、自行车、电视机,少不了天津造。现在的年轻人对今天的天津了解吗?

假设三:高学历者对天津有较高的了解意愿。

天津海河英才计划的推出,吸引了一大批人才落户天津。几年过去了,高学

---

① 所谓弱势形象,是指一个区域的公众认知度较低,知名度和美誉度也相对较弱的形象现状。参见:[美]菲利普·科特勒.科特勒看中国与亚洲[M].罗汉,译.海南出版社,2002:63-64.

历者是否还有较强的意愿了解天津?

（二）研究方法

1. 数据收集与样本状况

本研究运用网络问卷调查的方法。调查问卷分为中英文两种语言,但内容相同。调查通过问卷星发放。从 2019 年 3 月 18 日开始发放问卷,4 月 17 日截止,共收回中文问卷 512 份、英文问卷 23 份。鉴于英文问卷数太少,故弃之不用。在中文调查问卷中,163 份问卷属本地人填写答案,最终得有效问卷 349份,其中外地人 345 人,外国人 4 人。

在 349 份调查样本中,除青海、黑龙江、江西三省外,其他各省均有样本。男性占 27.6%,女性占 72.4%;年龄分布方面:18 岁以下占 1.1%,19—34 岁占64.1%,35—59 岁占 33.1%,60 岁以上占 1.7%;受教育程度方面:小学及以下占 0.3%,中学占 1.4%,专科占 5.7%,本科占 54.1%,本科以上占 38.5%。在来津次数方面:没去过的占 15.7%,去过一次的占 16.5%,去过二次的占 11.7%,去过三次的占 4%,去过三次以上的占 52.1%。来津时长方面:不到 3 个月的占39.5%,3—6 个月的占 3.7%,7—12 个月的占 9.4%,1—3 年的占 24.8%,三年以上的占 22.7%。

2. 变量测量

（1）因变量

① 渠道:媒介接触渠道有多种,传统媒体之外,网络平台已经成为主要阵地。调查问卷设置了 3 类 8 个选项,试图找到假设一的答案。

② 内容:关于天津的内容很多,课题组从基本信息、天津历史和今日天津3 个维度设置了 13 个选项,试图了解受访者对今日天津的了解状况。

③ 意愿:有了解天津的意愿才会使阅听人主动找寻并阅听有关天津的内容。课题组设置了 6 个选项寻找答案。

（2）自变量

① 年龄:课题组假设不同年龄人群媒介使用渠道不同,关注内容也不同。年轻的网络使用者是考察的重要对象。

② 受教育程度:天津市政府推出了海河英才计划,根据海河英才计划的内容,拥有本科学历又是天津经济发展需要的人才可落户天津。据此,课题组假设高学历者了解天津的意愿更强。

③ 来津次数与时长:短时少次来津者多为游客,关注的多是与旅游相关

的内容,比如美食、景点等,课题组假设多次来津或长时间在津的人对今日天津了解更多。

(三)研究发现

经过数据分析,课题组有如下发现:

1. 对于天津的了解意愿

此次问卷的填写者分为本地人、外地人、外国人。调查采用了李克特量表进行测量,为了避免随意填写,按照"不想了解—非常想了解"(分值从 0 到 5)的顺序排列,如此,无意填写者的最佳选择为"不想了解",使"想了解"意愿的表达有了一层保障。下面主要对外地人的了解意愿作一阐述。

外地人中,非常想了解、比较想了解天津的受访者占 45.5%,想了解的占 38%,不太想了解的占 10.4%,勉强想了解的占 5%,不想了解的占 1.2%。总体来说,有 83.5%的受访者是想了解天津的,意愿强烈程度较高者占 45.5%,接近受访者的一半(见图 3-3)。

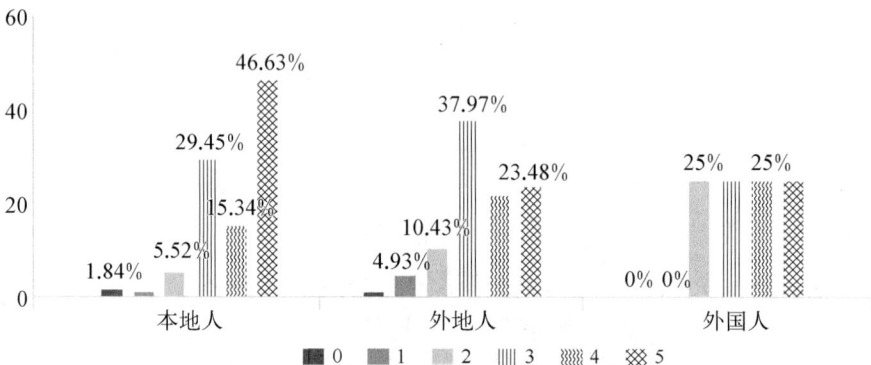

图 3-3　受访者了解天津的意愿(按人口来源统计)

从受访者的受教育程度来看(见图 3-4),82.2%的本科及以上学历的外地受访者愿意了解天津,44.6%的受访者意愿强烈。其中 25.3%是拥有本科学历的外地受访者,19.3%是拥有本科以上学历的外地受访者。不过在校生中"愿意了解"天津的占 80.44%,非常想了解的占 41.9%,低于平均水平。

从受访者的职业角度看(见图 3-5),商人与公务员是最想了解天津的。商人愿意了解天津的为 100%,其中意愿程度较高者占 80%,非常想了解的达 53.3%;公务员的了解意愿为 90.63%,非常想了解的达 31.3%。这两种职业的了解意愿超过了平均水平;与平均水平接近的其他职业还有教师,占 81.24%。

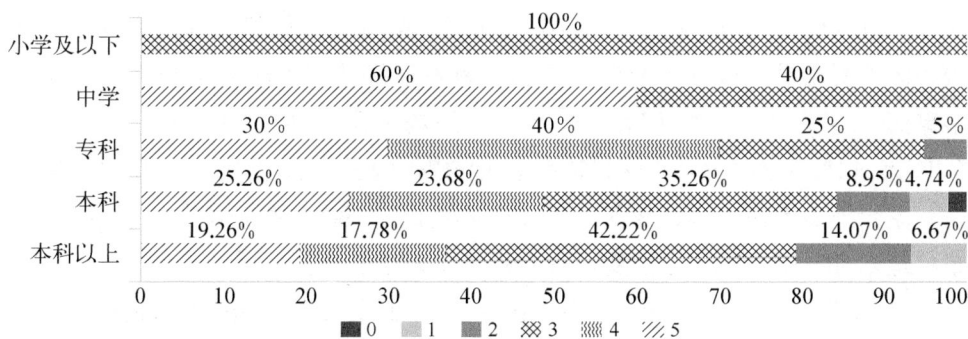

图 3-4　受访者了解天津的意愿(按受教育程度统计)

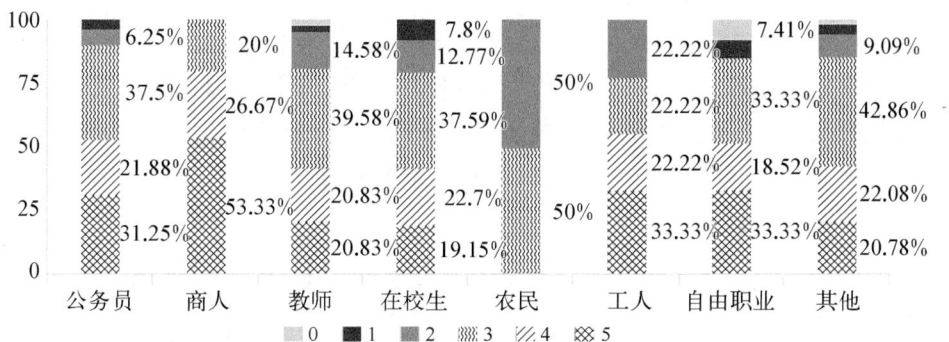

图 3-5　受访者了解天津的意愿(按职业统计)

2. 受访者了解天津的渠道

排在第一位的是电视媒体,第二位的是纸质报刊,网络媒体中各大新闻客户端与微信朋友圈并列第三,社交媒体中,微信朋友圈排第一,其次是微博,微信公众号最末。详见图 3-6。

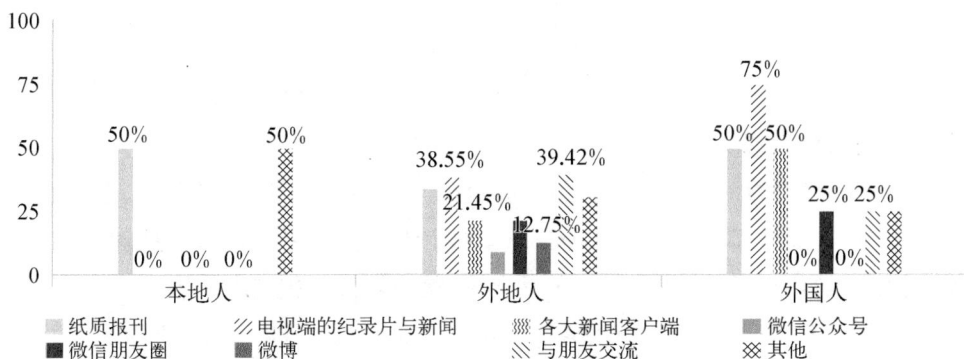

图 3-6　受访者了解天津的渠道

从排列前三的媒体渠道看,传统媒体或新闻客户端依然是外地人获得天津资讯的首要渠道。从数据来看,电子媒体和纸质媒体所占比例为1/3略强,网媒最高为1/5略强,微博仅为1/8,两者之间的差距是明显的。媒介融合已然5年,因何对于天津的内容,网媒特别是社交媒体的了解率远远低于传统媒体呢?

鉴于外地人在天津之外获取天津媒体资讯的概率较低(仅有上星电视等少量渠道),可以推知外地人主要通过央媒获知天津信息。

在"了解天津的渠道"中,问卷还设置了"与朋友交流"选项,如果把这一选项纳入数据分析,则外地受访者对于天津的了解,排在第一的渠道是与朋友交流,其次才是传统媒体,这说明存在着信息缺口。

3. 获取途径

调查结果还显示,年轻人与中年人获取认知的形式以前三项计,完全不同,之间没有交集,属于不同的受众群体,见表3-1。外宣需要据此有的放矢展开宣传。35—60岁的受访者获取认知的形式为新闻、文学、旅游;18—34岁的受访者则是游戏、广告、影视动漫。

表 3-1　不同年龄群体获取认知的途径　　　　　　　（单位：人）

	18 岁以下	18—34 岁	35—60 岁	60 岁以上	小计
影视动漫	2(1.94%)	71(68.93%)	30(29.13%)	0(0.00%)	103
广　告	0(0.00%)	62(80.52%)	15(19.48%)	0(0.00%)	77
新　闻	1(0.60%)	101(60.84%)	62(37.35%)	2(1.20%)	166
游　戏	0(0.00%)	32(91.43%)	3(8.57%)	0(0.00%)	35
文　学	1(0.72%)	92(66.19%)	46(33.09%)	0(0.00%)	139
旅　游	2(0.69%)	188(64.60%)	95(32.65%)	6(2.06%)	291
其　他	0(0.00%)	20(52.63%)	17(44.74%)	1(2.63%)	38

4. 关注的内容

关于今日天津的内容,各年龄段对京津冀一体化的了解是最多的,也是排在第一位的,其次是天津夏季达沃斯论坛,这两则内容,前者是国家发展规划,后者是天津承办的国务院总理出席的国际会议,是央媒必须报道的内容。

近年来,天津市抢抓新一轮科技革命和产业变革的战略机遇,不断加快培育数据驱动、人机协同、跨界融合、共创分享的智能经济形态,助力天津高质量发展。围绕"数字天津",课题组选择了"人工智能"和"超级计算机"这两个关键词进行调研,结果显示,只有 18—60 岁的受访者知道天津在这两方面的成就,但知道比率非常低,分别为:18—34 岁的受访者中的 2.7% 了解超级计算机,1.3% 了解人工智能;35—60 岁的受访者中的 0.9% 了解超级计算机和人工智能。由此可以推知,外地人对于天津智能经济几乎不了解、不知道。从央媒的角度来说,新闻要站在国家的高度,对在全国有示范引领作用的典型进行报道,未加报道可能与天津的智能经济尚未在全国位列前茅有关。从天津本地媒体角度来说,外宣工作的传播效果不佳。

关于京津冀一体化,18 岁以下受访者中有 25% 了解,18—34 岁受访者中有 53% 了解,35—60 岁受访者中有 50% 了解,60 岁以上受访者中有 16.7% 了解;关于天津夏季达沃斯,18 岁以下受访者中无人知道,18—34 岁受访者中有 13.8% 了解,35—60 岁受访者中有 11.2% 了解,60 岁以上受访者中有 16.7% 了解。

5. 天津外宣工作的不足

无论多大年龄、何种性别、何种教育程度、职业、来津时间长短,受访者普遍的共识是天津城市形象不鲜明(见图 3-7、图 3-8)。男性受访者认为天津外宣工作中存在的不足还有数量少、内容不吸引人;女性受访者则略有不同,认为还存在内容不吸引人以及没有独特的文化品牌等问题。

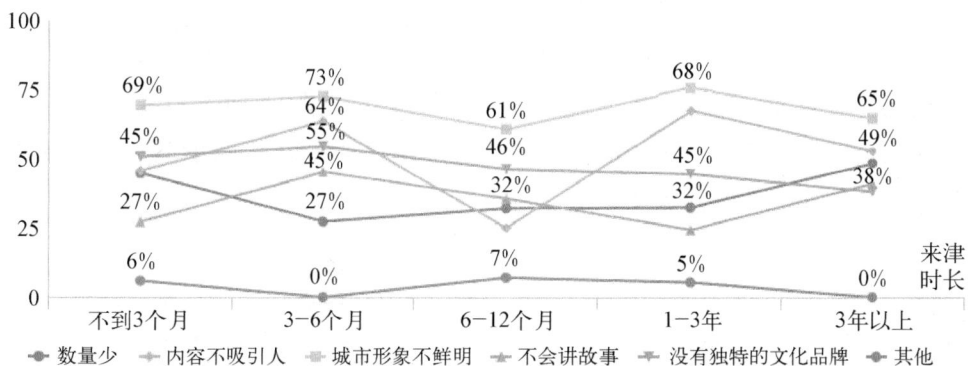

图 3-7 天津外宣工作的不足(来津时长不同的人士的认知)

"美丽天津"是天津外宣工作中推出的一个关键词,2017 年党的十九大召开前,《人民日报》推出专题"砥砺奋进的五年,31 个省区市特别报道·天津篇"中,第 12 版的标题就是《数字解读"美丽天津"》。在中国知网(CNKI)中查找可见

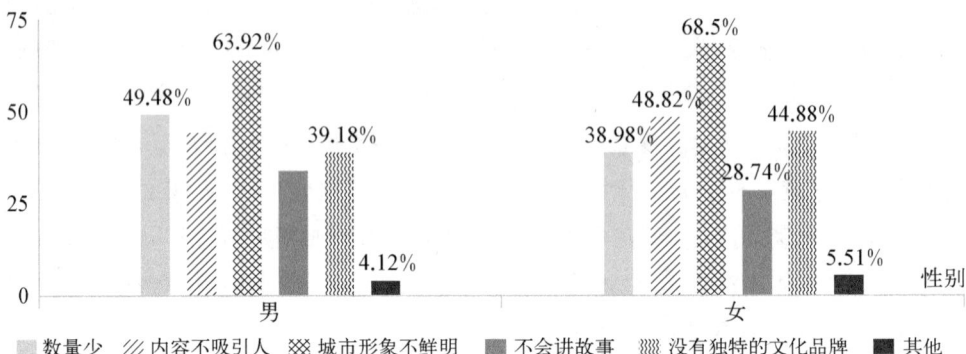

图 3 - 8　天津外宣工作的不足(不同性别人士的认知)

2 篇相关论文,其一是黄辉等的《浅谈公益广告在对外传播"美丽天津"中的应用策略》,从"美丽天津"的重要性以及目前"美丽天津"对外传播的媒介载体和方式入手,分析公益广告在天津对外传播中的作用,给出了一系列主要的策略,如制定"美丽天津"对外传播媒体的组合策略、进行媒介时机分析等。其二为刘琳的《"美丽天津"对外传播研究》。论文以 5W 模式为依托,从传播主体、传播方式、传播渠道、传播内容四个维度分析如何进行对外传播,并对出现的问题给出相应建议。但从调查数据来看,受访者对此并不满意,说明在天津城市形象的塑造和传播方面还有改进的空间。

6. 加强宣传的方式方法

关于如何加强宣传,据课题组调查,天津媒体常用的外宣手段和渠道,除了新闻之外,还有课堂讲座、文化展览、影视作品、旅游景点、美食介绍、网络宣传等形式,调查结果显示,一半以上的人希望通过影视作品和网络加强宣传,对文化展览也有一部分诉求。见表 3 - 2。

表 3 - 2　加强宣传的方式方法　　　　　　　　　　　(单位:人)

	课堂讲座	文化展览	影视作品	网络宣传	美食纪录片	旅游景点	其他	小计
本地人	13 (7.98%)	73 (44.79%)	111 (68.10%)	96 (58.90%)	93 (57.06%)	75 (46.01%)	4 (2.45%)	163
外地人	19 (5.51%)	151 (43.77%)	209 (60.58%)	169 (48.99%)	209 (60.58%)	184 (53.33%)	10 (2.90%)	345
外国人	0(0.00%)	2(50%)	2(50%)	2(50%)	3(75%)	1(25%)	0(0.00%)	4

（四）讨论与结论

上述六个方面的研究结果是用网络随机调查的方式得到的，不能推论所有人都有如此的认知和看法，但还是能够说明一些问题。

第一，对于天津，外地人的了解意愿是很高的，相较之下，本地人的了解意愿更高，高于外地人了解意愿的平均水平（本地受访者想了解的意愿为 91.42%，特别想了解的意愿为 46.6%）。这种信息需要对于天津的对外宣传是有利的，了解阅听人需求、满足其需求成为天津融合媒体做好外宣工作的方向。

第二，网络宣传尚未成为外地人了解天津的首选渠道，阅听人希望通过网络宣传了解天津。

第三，关于今日天津，受访者获知内容与央媒内容高度重合，本地媒体内容获知比率不及 5%，年轻人也是如此。

第四，年轻人与中年人获取认知的形式以前三项计，完全不同，之间没有交集，二者属于不同的受众群体，外宣工作需要据此有的放矢地展开。

第五，天津目前的城市形象未得到阅听人的认可。

三、天津外宣的网络传播之路

互联网技术给社会带来了深刻变化，随着"互联网＋"深入各行各业，产生了阿里巴巴、腾讯等市场价值超过 5 000 亿美元的企业，也诞生了一批市场价值超百亿美元的互联网企业，截至 2018 年底，我国网民数量突破 8 亿，人们在网上聊天、购物、娱乐、工作、读书、学习、投资、理财，网络社会已经全面到来。

互联网的出现重构了新闻传播业的组合方式，互联网成为这个时代的主流媒体。尽管现在报纸仍在刊发，电视节目仍在播出，但人们主要还是在互联网上获得资讯，在今日头条、微信、微博、抖音上，人们用手机看着多元主体提供的多元信息，发表自己的看法和观点，抒发各自的情感和情绪，彼此相互影响、相互感动。此时此刻，如何通过网络塑造和传播一个地区的形象，具有重要的研究价值。

在互联网上，传统媒体由之前的话语控制者变成了现在的内容提供者，具体说来就是新闻传播的渠道垄断被打破，传统媒体不再一家独大，新闻内容提供者多元主体并存。粗略划分，网上的新闻内容提供者可以分为机构媒体、专业媒体和自媒体三类。这里的专业媒体指的就是原先的传统媒体，比如报纸、电台、电视台以及由这些媒体建立的网站,这些媒体和原先的传统媒体一样,每日发布时政新闻和评论;机构媒体指的是政府部门、企事业单位及其下属机构在互联网上创办的两微一端等,这些媒体每日对外发布本单位的信息;自媒体指的是由网民个人或民间团体创办的两微一端等。

新闻内容提供者多元主体并存,从数量上看,不仅信息体量大大增加了,而且观点和看法也多了起来,舆论不一成为一种现实存在。多元主体并存,使新闻报道也进入竞争状态,内容提供者们比速度、比专业、比权威、比公信力,为阅听者提供丰富多样的信息资讯。

那么天津媒体为做好互联网外宣做了哪些工作,现在情况又如何,又将如何进行外宣创新呢? 下面从天津市媒体融合的历史和现状、天津媒体微信公众号矩阵大数据分析、应用互联网思维进行天津外宣创新三个部分进行阐述。

（一）天津市媒体融合的历史和现状

自 2014 年 8 月中央全面深化改革领导小组第四次会议审议通过《关于推动传统媒体和新兴媒体融合发展的指导意见》以来,中央和地方各级媒体积极响应,努力推动传统媒体和新兴媒体在内容、渠道、平台、经营、管理等方面深度融合。2018 年 8 月,习近平总书记在全国宣传思想工作会议上进一步强调,要扎实抓好县级融媒体中心建设,更好引导群众、服务群众。9 月,中宣部召开县级融媒体中心建设现场推进会,要求 2020 年底基本实现县级融媒体中心在全国的全覆盖,2018 年先行启动 600 个县级融媒体中心建设。在党中央的总体布局和各级政府的全力推动下,媒体融合发展已呈现全面推进、如火如荼之势。

从 2016 年开始,课题组在对天津市媒体融合发展调研的基础上,撰写了两篇调研报告:《2015—2016 天津市媒体融合发展综述》[①]、《2017 年天津市"津云中央厨房"建设与融合创新》[②],梳理了天津媒体融合发展的脉络和路径。

1. 天津媒体融合的历史回溯

该部分以时间为纵轴,主要回溯天津市主流媒体《天津日报》《今晚报》与腾讯大燕网、"津云中央厨房"的融合进程。

① 北京市新闻工作者协会.中国媒体融合发展报告(2016)[M].北京:社会科学文献出版社,2017:164-174.

② 北京市新闻工作者协会.中国媒体融合发展报告(2017—2018)[M].北京:社会科学文献出版社,2017:114-127.

（1）《天津日报》：搭建全媒体采编平台，推出融合产品

天津日报社认真贯彻落实习近平总书记有关重要讲话精神，把"互联网思维""互联网＋"理念融入媒介融合发展的进程中，提出了"以导向为前提，以市场为阵地，以用户为核心，以痛点为靶向，以互联网尤其移动互联网为重要平台和重要渠道"的指导思想，形成了"新闻立业、服务拓土，立足本地、小切口、大突破，以活动带经营，打造人才摇篮"的发展思路，制定了"到2019年天津日报创刊70周年之际，基本建成党报传媒优势明显、媒体融合特色显著、现代企业制度完备，具有相当影响力的创新型报业传媒集团"的发展目标。

天津日报社于2014年启动建设全媒体采编集成平台。该平台以天津网和《天津日报》及各系列报刊官方微博、微信公众号、"新闻117"客户端等两微一端为重要发布渠道，以天津市手机党报、天津先锋资讯网、天津市公益移动图书馆、美丽天津乡村旅游网、易屏O2O项目等网络产品集群，以天津日报新媒体学院和天津日报新媒体文化基地为产业延伸，以"昊天津"系列微信公众平台矩阵群为分众特色。平台实现了全媒体采编和微博、微信、网站的接口改造规划。

（2）《今晚报》：创新思维，两微一端

《今晚报》作为在天津地区有着广泛影响力的主流媒体，近年来一直关注和研究传媒格局、传播理念、传播渠道、受众习惯等方面的变革，同时以用户、产品、技术作为适应变革的抓手，通过报纸改版、做强"两微一端"、做好海外传播、讲好中国故事等手段，切实提升新闻传播的针对性、时效性、影响力，牢牢把握舆论引导的主动权。

第一，以创新思维优化新闻产品。2015年10月8日，在一系列开门办报、倾听真言的读者座谈会及1 447名读者参与的大规模问卷调查的基础上，《今晚报》进行了改版。

第二，重视分众传播，推行"两微"。2016年1月，今晚报社对天津市827名新媒体用户进行了问卷调查①。通过数据分析，《今晚报》就当前传播格局下提升舆论引导能力、构建新型舆论引导格局有了更多的思考和实践，开设了官方微博、官方微信，开发上线了新闻客户端"问津"。

第三，"问津"新闻客户端上线。2015年12月21日，按照市委、市政府的部

---

① 本次调查对象为天津市新媒体用户，调查目的是了解天津市民新媒体使用状况，调查问卷通过今晚报社96860呼叫中心、实地取样、问津App三个渠道开展，共收到有效问卷827份。调查样本以青年人为主，职业分布基本覆盖社会各职业群体，样本结构比较合理。

署要求,由今晚报社倾力打造的新闻客户端"问津"正式上线。问津的定位是:聚焦文化改革发展和公众生活资讯服务,主打高水准文化新闻和实用民生资讯,及时传播、理性评说国内外文化动态,为解决民计民生问题和日常生活便利化提供信息支持,传播主流价值观,弘扬社会正能量。平台设置分为"首页新闻"和"津城""乐活""文化""视听"四个板块,共 20 个栏目。

第四,重视海外版。通过深入调查,《今晚报·海外版》基本解决了"刊发政策性、工作味过浓稿件"问题,在稿件处理上让当地读者更容易接受和认同,选稿更加偏向文化、民俗、经济、旅游领域,穿插娱乐、民生等内容调剂版面。这个开设在全球 25 个国家和地区的"天津窗口",已成为读者的知心朋友,赢得海外广大受众的信任和喜爱。为适应移动互联网、数字化转型趋势,增强传统媒体在世界范围的影响力,今晚报社还申请了"《今晚报》海外版数字化综合工程"项目,开发包括海外华人网 PC 端、Web 端、App、海外版电子报等产品。

(3)腾讯大燕网:精准定位,服务民生

2014 年,京津冀协同发展被提升为重大国家战略。《新京报》与腾讯强强联合,创办京津冀区域门户——大燕网,打造京津冀城市生活第一平台,于同年 12 月 28 日上线。

大燕网天津新闻中心的杨华军总监介绍说:"腾讯大燕网是腾讯控股、《新京报》注资的生活服务类平台,做时政没有天然的优势,日报、晚报具备独家且垄断的时政资源,我们的定位就是京津冀第一生活服务平台,给京津冀地区的网民、老百姓提供生活资讯服务,新闻选取标准都是以民生作为第一要义。"

(4)津云中央厨房

2017 年 3 月 31 日,"津云"大数据平台一期"津云中央厨房"正式启动运行,这是一个值得新闻界载入史册的日子。之所以这么说,主要是因为这个平台不是由一家媒体集团向内融合发展而成的,而是整合天津这个直辖市的几大媒体集团、中央驻津媒体和一家杂志而成的一个集报纸、广播、电视、杂志、网站、客户端于一体的全媒体融合平台。当时在全国是头一家,也是唯一一家。

"津云中央厨房"在空间分布上是一个大厅、六个区域。这六个区域分别对应着六大功能,分别是核心指挥区、采编联动区、技术支持区、用户互动区、直播报道区和自由办公区。"津云"大数据平台一期工程"津云中央厨房"媒体融合项目——"津云"客户端,致力于打造天津权威、优质的内容聚合平台,集新闻、资讯、直播、问政等内容和功能于一体,将成为传统媒体和新兴媒体"化学融合"的载体,不断巩固壮大主流思想阵地。新闻板块设置"头条""推荐""政情""文汇""微视"等 30 个栏目,汇聚来自报纸、电视、广播、网站、新闻客户端以及优质自媒体的内容,包括微视频、VR 视频、无人机视频、H5、动新闻等多种创新产品。通过精准的"用户画像"为用户自动推荐感兴趣的文章。此外,全市各级政府部门、高校等开设的近 2 000 个微博、微信账号入驻"津云",全天候提供各种资讯。"问政"板块设有"公仆走进直播间""行风坐标·为您解忧""党群心连心""政民零距离""民生词典"等特色栏目,通过准确地定位地理位置信息,为各级党委政府锁定民生热点。"直播"板块依托天津广播电视台的资源优势,提供 10 套电视节目、11 套广播节目的全天候直播,为用户带来便捷、流畅、清晰的视听体验。

"津云中央厨房"利用人工智能、大数据、云计算技术研发了"津云中央厨房决策指挥平台"和"津云中央厨房业务管理平台",两大平台共同发力为决策者和采编团队提供强大的数据和技术支撑。2017 年 7 月 31 日和 12 月 31 日,177 家入驻单位已分两批在"津云"进行了技术培训。按照天津市第十一次党代会提出的"打造总集成、全覆盖的'津云'大数据平台"要求,"云上系列"将逐步接入"智慧天津""电子政务"等功能,打通交通、气象、城建等关系市民衣食住行的公共服务、信息发布、信息查询接口,整合城市公共服务资源,成为与百姓生活紧密结合的智媒体。

2. 天津市媒体融合的现实图景

为更好贯彻落实党的十九大报告提出的加强互联网内容建设,建立网络综合治理体系,营造清朗的网络空间,"津云"持续构建全市"一朵云"网络舆论管理生态格局,推动大数据与网上政务大厅、社会公共服务平台应用层面的深入融合。

(1)加强顶层设计,打造津云新媒体集团

津云新媒体集团是天津市委宣传部为进一步推进传统媒体和新兴媒体融合发展,整合全市新媒体资源,推动报视播网一体化发展,着力打造的拥有强大实力和传播力、公信力、影响力的新型媒体集团。根据天津市委部署和市委宣传部 14 号文件要求,津云新媒体整合全市新媒体资源,打造国内一流的在全球有影响力的新型主流媒体,做强津云品牌,建设拥有强大实力和传播力、公信力、影响力的新型媒体集团。津云新媒体集团是天津市推动传统媒体和新兴媒体融合的一项顶层设计。

津云新媒体集团依托津云中央厨房,以"津云"客户端为天津市移动新媒体总平台,实现全市"一朵云",形成了涵盖北方网、天津网、今晚网、天津网络广播电视台(IPTV)等多家媒体机构的多元传播矩阵,致力于成为国内一流、在全国有影响力的新型主流媒体集团。集团借助总集成、全覆盖的"津云"大数据平台，聚焦大数据、云服务、智慧民生、政务舆情等互联网产业，通过构建"互联网＋"业务体系，提高市场竞争力，实现做强做优做大。

（2）创新体制，统一考核体系，鼓励约稿

在"津云"的融合过程中，天津网、今晚网以及天津日报微博、微信整体并入津云新媒体集团；撤并新闻117、前沿、问津三个客户端资源，组建津云 App，与北方网、系列双微、头条号等一体运营，形成载体多样、渠道丰富、覆盖面广的新媒体传播矩阵。

《天津日报》《今晚报》《每日新报》《城市快报》从事新媒体业务的员工签约津云新媒体集团，事业编员工将身份冻结在原单位，企业编职工与津云新媒体重新签订劳动合同，全集团员工身份一致，使用一套薪酬考评体系。微视频、动新闻、短音频、机器人写稿、无人机采集、虚拟现实等技术从无到有。"津云中央厨房"将两报两台采编力量统筹设计到生产流程当中，策采编发协同作战，采编资源、新闻产品双向共享已成常态，媒体间建立了有效的信源补偿和稿酬激励机制。此外，"津云"建立起针对《天津日报》各部门记者的约稿机制，首发稿件根据时效性和转载量、访问量等量化指标，结合稿件的选题质量、深度采访复杂程度等进行评级并发放稿费。另外，津云新媒体矩阵中的"政民零距离"后台向《天津日报》舆情中心开放，丰富信源，加强互动。

（3）细化流程，移动优先，合理激励

在"津云"推动传统媒体和新兴媒体深度融合过程中，采取细化流程、移动优先、合理激励的操作思路。

首先，与《天津日报》的对接主要集中在时政要闻方面，依托"津云中央厨房"设立对接《天津日报》要闻部的沟通、策划、发稿专门通道。一方面做到重大时政要闻在津云客户端、北方网、津云新媒体矩阵首先发布；一方面策划符合移动互联网传播的新媒体产品。例如：在全国两会、第二届世界智能大会、海河英才计划等一系列报道中，双方合作不断完善深化，已经做到沟通上的专人对接、新闻上的专题策划、产品上的专稿专用。

其次，与电视台的对接，侧重视频产品，形成了策、采、编、播、评全流程闭关操作。与天津广播电视台新闻中心建立选题策划联席会机制，每周召开例会，共同策划专供津云的选题。采访环节，利用津云记者 App 的视频技术，使双方记者完成视频拍摄、简单编辑和快速回传，成品或素材可实时回传津云中央厨房。

电视台新闻中心向津云提供未经后期编辑的视频素材,津云将素材制作成适合新媒体发布的视频内容。津云新媒体将早于电视通过北方网、津云客户端、官方微博微信等渠道,率先播出。视频产品纳入新闻中心的"自制节目打分系统",每日安排专人对接、统计。津云新媒体使用后可将相应的分值折合成稿酬奖励。

再次,招募津云融媒体工作室。津云新媒体集团于 2018 年 3 月面向全市传统媒体公开招募津云融媒体工作室,通过路演、评审,从入选的 53 家工作室中评选出 20 家,签订了三方合作协议,其中,天津日报传媒集团 3 家、今晚传媒集团 4 家、电视台 7 家、电台 6 家。津云融媒体工作室取传统媒体采编力量之所长,打造个性化栏目,津云提供网络平台和贴身服务。津云新媒体为工作室提供 10 万元的启动资金,支持工作室新媒体内容建设,制作个性化内容,带动津云客户端下载,按月度对工作室进行考评排名,根据考评分数,发给工作室相应的费用。

此外,津云还与天津日报社《每日新报》、天津广播电视台新闻中心三方合作,打造了深度新闻原创类栏目"津云调查",依托中央厨房,发挥传统媒体和新媒体特点,一次采集,报、视、网多端发布,多形式呈现。

3. 天津媒体融合的未来想象

课题组调查发现,天津媒体在媒介融合的进程中打破了本位主义和壁垒观念,传统媒体和新媒体在融合过程中取两者所长、补两者所短,初步形成了产品和服务的共享模式。

天津媒体融合是依照移动互联网思维建构的一套新的融合媒体生态系统。从架构上观察,海河传媒中心就像一艘传媒航母,其集群效应将在传播中发挥巨大作用。

(二) 2018 年天津媒体微信公众号矩阵表现

2019 年 7 月"新榜"(https://www.newrank.cn)发布的《2019 内容产业半年度报告》显示,67.5%的网民表示最近半年在微信公众号上花费时长持平(43.8%)或增长(23.7%),那么天津媒体微信公众号矩阵作为内容提供者,其影响力如何呢?

课题组在 2019 年 1 月对天津媒体微信公众号矩阵 2018 年的表现进行了大数据分析。课题组选择天津广播、天津日报、今晚报、北方网、津云、滨海时报、网信天津等七个微信公众号作为天津媒体微信公众号矩阵成员。为了对得到的数据进行评判,课题组同时选择了澎湃新闻和新京报的微信公众号作为对照组。之所以选择这两个微信公众号,是因为它们都是地方媒体而非央媒的微信公众号,两家媒体所在城市均是直辖市,之间存在一定的可比性。

以前人们根据发行量、收视(听)率考察报纸电台电视台的覆盖面和影响力,今天,人们根据由整体传播力、篇均传播力、头条传播力、峰值传播力组成的微信传播指数(WCI)考察微信公众号的影响力。课题组使用的分析程序由清博大数据提供,分析了包括发文天数、发布次数、发布篇数、原创篇数、总阅读量、篇均阅读量、最热文章等在内的各家数据,得出如下结论:

1. 发稿时间

关于发稿时间,天津微信公众号矩阵从早 5 点到晚 23 点均有推送,发稿峰值有所不同,其中津云与天津广播做得非常好。

天津媒体微信公众号矩阵推送时段最多的是 17—18 点(5 家),其次是早6 点(4 家),中午 11—12 点(3 家)和 21 点之后(1 家)。

基于中国微信 500 强样本库呈现的整体状态[①],晚上 10 点前后是大家看公众号的高峰,有 82.7% 的人选择了在这个时段阅读微信公众号,澎湃新闻的发稿峰值就在这个时间。另一个阅读公众号的高峰时间是早上 7 点前后,新京报的发稿峰值就在此时。天津媒体中,在晚高峰和早高峰均发稿的只有津云一家,津云的发稿峰值是 21 点,占总发稿量的 26%;早晨 6 点前后是津云仅次于 21 点的发稿时段。发稿峰值在晚高峰的天津媒体只有津云一家,天津广播(40%)与新京报(68%)都只有一个峰值,在早高峰发稿。其他媒体的发稿峰值是:天津日报是 18 点(28%),今晚报是 17 点(26%),滨海时报是 17 点(25%);北方网是中午 11 点(31%),网信天津是中午 11 点(23%)。

2. 发稿天数

天津主要媒体微信公众号发文勤勉,发稿天数略多于或等于澎湃新闻,远多于新京报。

2018 年除了津云因新成立只发布了 157 天外,其他媒体发稿天数均在 360天以上。发稿次数以今晚报最多,达到了 1 345 次;天津日报排第二,为 1 074次;天津广播排第三,为 1 060 次。降序排列依次是北方网 852 次,滨海时报 810次,网信天津 703 次,津云 446 次;与澎湃新闻 1 090 发布次数、新京报 843 发布次数相比,天津媒体微信公众号的发文勤勉程度是高于平均水平的。

---

① 公众号什么时间推送效果最佳? 大数据暗藏颠覆性论点! https://www.sohu.com/a/148138738_464513.

3. 发稿量与原创篇数

天津媒体发稿量少于澎湃新闻,多于新京报,遗憾的是原创篇数普遍很少,有3家媒体年度最热文章的阅读量未达到10万。

2018年发布篇数,网信天津位列第一,达到4 482篇;天津广播第二,为4 417篇;北方网第三,为4 003篇;之后分别是天津日报3 597篇,今晚报3 383篇,滨海时报2 013篇,津云994篇,日均9—13篇。与澎湃新闻8 429篇相比就少多了,与新京报2 433篇相比则多出不少。从发布篇数看,天津媒体微信公众号发稿量居中。令人遗憾的是,关于原创篇数,天津媒体普遍很少,究其原因,是对原创作品标注重视不够,未形成原创标注制度。根据大数据,原创篇数最多的是今晚报,原创75篇,占比2.2%;其次是天津广播,原创35篇,占比0.8%;滨海时报原创6篇,津云原创4篇,天津日报原创1篇,其他原创则为零。而澎湃新闻发稿8 429篇,原创2 568篇,占比30.5%;新京报2 433篇,原创395篇,占比16.2%。

4. 阅读量

天津各媒体公众号2018年度最热文章阅读量并非每家均达到10万,北方网最热文章阅读量3万多、滨海时报6万多,网信天津2万多。

2018年天津媒体微信公众号矩阵中总阅读量最高的客户端是天津广播,比新京报总阅读量少,但在一个量级上,与澎湃新闻差距大。

根据清博大数据,天津七家媒体微信公众号合计总阅读量为6 313万,总阅读量过千万的媒体是天津广播和天津日报,其中天津广播有一半左右的贡献率,阅读总量为3 007万,比排在第二的天津日报多了一半以上。天津日报总阅读量为1 338万。排第三位的是今晚报,总阅读量为904万。北方网位列第四,总阅读量为569万。滨海时报和网信天津比肩,滨海时报206万,网信天津204万。当年新推出的津云总阅读量为85万(津云发布天数为157天,数据比天津其他公众号少了几个月,因此没有比较的意义)。课题组同时对北京和上海的地方媒体微信公众号进行了大数据分析,其中澎湃新闻的总阅读量为25 635万,新京报为4 677万。相比之下,天津广播总阅读量与新京报有距离,但都是千万阅读量级的,与澎湃新闻的总阅读量差距较大。

5. 微信传播指数

天津媒体微信传播指数均低于澎湃新闻和新京报;天津媒体微信公众号矩阵中天津广播微信传播指数最高,网信天津最低。

微信传播指数（WCI）评价：澎湃新闻 2018 年全球影响力为 1 570.64，新京报为 1 328.96。天津媒体微信公众号则低于上述两家媒体，以降序排列分别是天津广播 1 197.06，天津日报 1 042.55，今晚报 989.63，北方网 856.75，滨海时报 731.08，津云 639.73，网信天津 662.70。

6. 津云崭露头角

虽然津云 2018 年发布天数只有 157 天，发布篇数仅 994 篇，可其 2018 年的十大热词已经显示出其在议题设置方面的思考和实践。据清博大数据，津云 2018 年的十大热词是"天津"（204）、"世界杯"（148）、"孩子"（131）、"世界"（126）、"熊猫"（99）、"中国"（76）、"英格兰"（72）、"令哥"（71）、"村民"（67）、"大熊猫"（65）。这里高频词"孩子""熊猫""世界杯"反映出内容提供者的议题设置。津云 2018 年最热文章是该年 12 月 10 日发布的，题目为《天津男子给妻子买 3 000 余万元保险后普吉岛杀妻，女儿仅 20 个月大》，阅读量 10 万多。看标题就知道这篇文章很接地气，说的是网民喜欢看的社会百态人生况味，很契合网络传播讲故事、接地气的传播要求。

7. "网信天津"以工作报道为主，类似于传统媒体的机关报

在天津媒体微信公众号中，网信天津一年发文 364 天，发稿 4 482 篇，为矩阵之首，但最热文章阅读量仅 2 万多，微信传播指数 662.70，为矩阵之最低。课题组从发稿时间、年度十大热词和年度最热文章标题进行分析，认为该公众号以自上而下的工作报道为主，是工作号而非市民号，类似于原先的机关报。据清博大数据，2018 年网信天津十大热词分别为"中国"（764）、"天津"（643）、"习近平"（467）、"社会"（439）、"人民"（342）、"网络"（283）、"社会主义"（271）、"新时代"（233）、"时代"（230）、"精神"（221）。从这些高频词的常用语境可以看出该公众号的目标阅听人以从事宣传或网信工作的人员为主，公众号文章承担着由上而下传达工作精神和宣传工作内容的任务。

（三）应用互联网思维进行天津外宣创新

自 2015 年起，天津媒体紧随互联网步伐，不断投入人力物力，进行机构改革和人事改革，不断探索传统媒体"互联网＋"的新模式，取得了骄人战绩。天津媒体微信公众号矩阵 2018 年度大数据分析表明，成绩是显著的，可因为互联网带来的是无限的全域的竞争，天津媒体要做好天津外宣还要付出更多的努力。

1. 更新观念，应用互联网思维

要在互联网上做好天津外宣工作，首要的也是根本的是更新观念，应用互联网思维。

严格来说,互联网思维不是一个科学定义,而是因为互联网的巨大影响力才有此说法。它指的是要用互联网的思维方式看问题。最早提出互联网思维的是百度公司创始人李彦宏。李彦宏说,我们这些企业家们今后要有互联网思维,可能你做的事情不是互联网,但你的思维方式要逐渐像互联网的方式去想问题。360公司创始人周鸿祎说,互联网企业思维就是用户思维、体验思维、免费思维、跨界思维。知名自媒体作者宗宁说,互联网思维是用户驱动产品,且快速迭代,当然,最好包括免费和增值服务,并以用户体验为先。这些提法见仁见智,不过它们都有一个共同的内容,那就是用户思维。这里的用户首先是一个一个的个体,其次才是由一个一个个体组成的社群、社会阶层。

关于互联网,我们还需要有进一步的认识。互联网绝不是在大众传播渠道之外的另一个新的渠道,也不仅仅是一种新技术。它构成了一种新的"环境"。在这个环境中,用户是信息服务的出发点,用户满意度是信息服务的终点。归根结底,媒体的影响力是由用户说了算的。内容提供者要提供用户关注的内容。传统媒体之前"自上而下"的工作取向和"点对面"的传播方式在互联网环境中需要重新审视。有了自媒体,阅听人不再是被动的受众,他们既是接收者也是传播者,传统意义上的"大家"已被"个人"所替代,"你们好"变成了"你好","大家"变成了"你或者我"。因此,新媒体在传播信息时,基本的传播结构是从一个独立的信息原点到另一个独立的信息原点,它的两头都是个性化的独立个体,当很多人关注到同一件事时,这些独立的点将自主地汇集成一个巨大的信息面[1],形成所谓的热点事件和舆论。因此以前的受众研究在互联网中演变成了用户研究。互联网环境下,对外宣传已经演化为对外传播、国际传播和全球传播。

2. 以平台和客户端为抓手,大力提高融媒体的覆盖率

这里的平台指的是那些给自媒体提供网络空间、业务服务与用户管理的全新服务平台。据企鹅智库2019年3月23—25日对2 867名中国手机网民的调研,青睐专业媒体的用户达到55.3%,愿意接受自媒体生产的内容,不排斥自媒体内容和更喜欢自媒体内容的用户,占比达到45.7%。将近一半的网民对自媒体持接受认可态度。

天津外宣也要充分发挥自媒体平台的作用。据津云官方消息,津云"云上系

---

① 周笑.异质化传播:新媒体的本质优势[J].传媒,2006(11):67-68.

列"已经聚合了全市各区政府部门、高校、国有企业和医疗机构近 200 家成员单位,10 家海外华文媒体,还有近 2 000 个"津云号",平台效应初见成效。

不过还可借鉴"人民号"的做法,吸引头部自媒体入驻津云。人民日报新媒体中心于 2018 年 9 月宣布启动"人民号 1000＋"计划,截至 2019 年 6 月,申报 18 万家,"人民号"平台正式入驻账号 2 万家。其中包括《光明日报》、中国青年网等 2 000 余家专业媒体,最高人民法院、最高人民检察院、教育部等 6 000 多个机关部委及各级党政部门政务账号,十点读书、果壳等 1.2 万余家各类创作领域头部自媒体[①]。一般自媒体平台喜欢自带流量的内容提供者入驻,这样做能够保证平台的内容质量和持续不断有内容输出,平台也乐意扶持这些头部作者。不过在内容为王的时代,中长尾部的阅读率也不容忽视,优秀的内容总是会聚拢人气,吸引更多的人去阅读的。刚进入的原创作者在这方面就是一股潜在生力军。津云也可考虑吸引天津的原创作者入驻平台,重点推出其创作的优质的原创内容。

客户端又叫用户端,是指与服务器相对应,为客户提供本地服务的程序,不论是专业媒体还是机构媒体、自媒体均有自己的客户端。

目前平台和客户端相互嵌套,你中有我,我中有你。专业媒体要变等客上门为主动出击,积极进驻自媒体平台,提高自身覆盖率,更好服务平台用户,提高媒体影响力。

3. 关注用户内容需求,提高时政话题引导力、民生话题传播力

2018 年,工信部发布《2017 年中国网络媒体公信力调查报告》,考察指标有四个维度,分别是新闻客户端覆盖率、用户实际感受、时政话题引导力和民生话题传播力。其中时政话题和民生话题是传播内容方面的两个考察点。

2018 年,课题组选择了"津政直通车"栏目对时政话题引导力进行了考察,时长四个月。具体来说,从 2018 年 1 月 1 日开始抓取,抓取客户端为新闻 117App,4 月 14 日新闻 117App 停更,"津政直通车"并入津云,课题组又从 2018 年 4 月 15 日开始从津云客户端抓取,至 4 月 30 日结束。共计抓取文本 94 篇,其中党政口 87 篇、人大 5 篇、政协 1 篇,1 篇无法归入前述种类。课题组对 87 篇党政口文本进行了词频分析。词频排名结果如下:

---

① 唐瑞峰:《迎接智媒时代,三大央媒都有哪些动作》,https://www.sohu.com/a/339125573_708049.

热词总排名位列前十名的分别是"新"(621)、"全"(504)、"发展"(431)、"强"(416)、"工作"(411)、"市委"(357)、"高"(338)、"重"(338)、"深"(327)、"近"(317);位列 11—20 名的热词分别是"习近平"(305)、"会议"(294)、"书记"(279)、"天津"(272)、"思想"(270)、"中央"(260)、"李鸿忠"(248)、"好"(248)、"精神"(247)、"社会"(243)。

在词频前十名的词中,形容词最多,占席 7 位(见图 3 - 9),其中"新"(621)排第一;其次是"全"(504),排第二;"强"(416)排第三。其余为"高"(338)、"重"(338)、"深"(327)、"近"(317)。

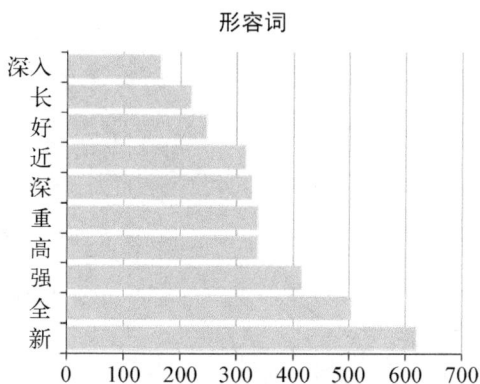

图 3 - 9 "津政直通车"热词(形容词)排序

在词频前十名的词中,动词占席 2 位(见图 3 - 10)。"发展"是动词中词频排序第一的词,在总榜中排第三。其次是"工作"(411),在总榜中排第五。

在词频前十名的词中,名词只占 1 位,是"市委",出现了 357 次。

在词频 11—20 名的词中,有 9 个名词,分别是"习近平"(305)、"会议"(294)、"书记"(279)、"天津"(272)、"思想"(270)、"中央"(260)、"李鸿忠"(248)、"精神"(247)、"社会"(243),如图 3 - 11 所示。

为了直观方便,课题组根据词频制成词云,如图 3 - 12 所示。

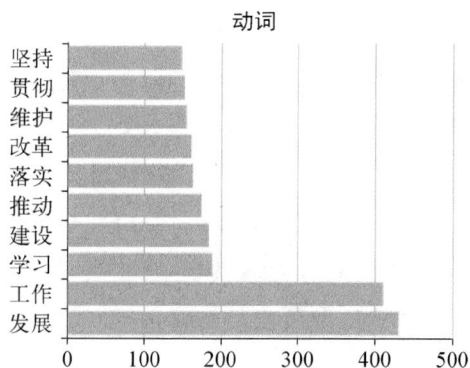

图 3 - 10 "津政直通车"热词(动词)排序

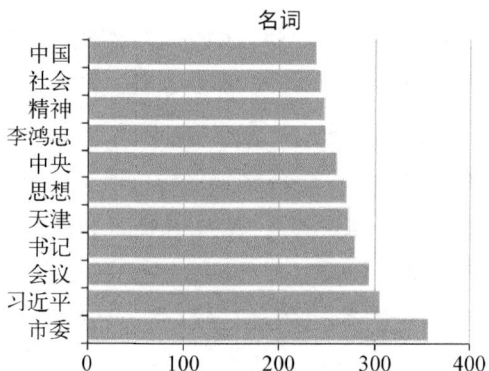

图 3 - 11 "津政直通车"热词(名词)排序

根据词频分析和内容分析,课题组得出如下结论:

"津政直通车"词频最高的是形容词,前十席里占七席。形容词往往用来作

图 3 - 12 "津政直通车"热词词云

定语、状语、补语,可以用来给事物定性,起到宣传引导的作用。形容词高频出现,说明这个栏目的记者编辑有很强的引导意识。做好引导工作是必须的,关键是如何引导。据企鹅智库 2019 年 3 月 23—25 日对 2 867 名中国手机网民的调研,对于新闻报道,整体用户希望是中立的,整体均值为 3.004①。这意味着新闻从业人员在从事宣传工作的时候必须尊重新闻规律。当然,这里说的是新闻报道,而非表达看法的新闻评论或时评。

作为移动客户端的一个时政新闻栏目,从字面上看,"津政直通车"的内容是给网民们看的。但从报道框架来看,"津政直通车"主要以"会议+工作"为主,其中发展是工作的重中之重。这个栏目内容类似于机关报台的头条新闻,完成的是上情下达的报道任务。这种报道模式在组织内传播重点突出,传播效果显著;如果是组织外传播,比如面对网民,可能传播效果很难令人满意。据企鹅智库 2019 年 3 月 23—25 日对 2 867 名中国手机网民的调研,中国网民对新闻资讯内容有如下偏好:社会内容(83.9%)最受关注,娱乐(49.5%)、生活技巧(45.2%)、健康(44.8%)、教育(43.9%)、历史文化(42.3%)、科技(39.4%)紧随其后②。这意味着新闻发布者、传播者要将会议内容、工作安排和工作要求与用户信息选择偏好结合起来。抓住网民关注的信息热点,呼应网民的情感热点,与此同时,对网民的困惑点进行引导解释,对错误的观点与看法展开辩论与批评,以形成社会合力,更好地达成使命。

---

① 企鹅智库:《2019 年中国网民新闻资讯偏好》,https://www.useit.com.cn/thread - 23102 - 1 - 1.html.
② 企鹅智库:《2019 年中国网民新闻资讯偏好》,https://www.useit.com.cn/thread - 23102 - 1 - 1.html.

第四章　天津外宣与国家形象

　　根据对天津媒体外宣工作的调研,天津外宣工作包括国家级外宣和本地外宣两部分内容。本章,课题组分他塑与自塑两部分展开研究,他塑部分选择的是国外媒体关于中国的报道,自塑部分选择的是新华社在推特(Twitter)上的官方账号 China Xinhua News 2017 年发布的 410 篇有关"一带一路"的报道,力图对天津做好国家级外宣工作有所助益。

一、国外媒体的中国报道

　　世界对中国形象的塑造和传播在不同的阶段有不同的样貌。

　　大约 13—18 世纪,中国在国际社会中的形象是正面的。中西交往的开端大致可以追溯到 13 世纪,法国圣方济修会修士威廉·鲁不鲁乞来到中国向蒙古人宣传基督教的教义,并记下了在中国的见闻;意大利商人马可·波罗来到中国,书写了《马可·波罗游记》,在马可·波罗笔下,中国是"遍地黄金的国度"。传教士的见闻和商人的游记引发了西方人对神秘东方的畅想。葡萄牙人达·伽马的船队在 15 世纪末期远航到了印度,开辟了欧洲对印度洋沿岸各国的新航路,在随后的一个世纪里,西班牙人和荷兰人也逐步与中国建立起了贸易往来。西方的航海家、传教士、商人等各方人士便陆续到达中国,同时也将中国的财富与相关信息带回自己的国家进行传播,中国的神秘面纱逐渐被揭开。17—18 世纪,西方世界开始兴起一股中国潮流,中国的文学艺术等文化领域的成就纷纷被效仿。

　　从 18 世纪末开始,中国形象的"他塑"出现负面评价。1793 年英国特使马嘎尔尼访问中国,认为中国是一个停滞的"木乃伊式的国家",这种负面印象到

19 世纪时跌至谷底。19 世纪中叶,西方资本主义国家开始在全世界范围内争夺霸权,中国在西方列强的入侵中沦为半殖民地半封建社会。

1958 年,曾担任美国《新闻周刊》驻华记者并任教于美国麻省理工学院的哈罗德·艾萨克斯(伊罗生)出版了《浮光掠影:美国关于中国与印度的形象》一书。该书将美国对中国的总体看法分为 6 个阶段(见表 4-1),这个视角的变迁也是西方人研究中国形象的一个重要的参考。

表 4-1　艾萨克斯提出的外国人对中国的看法的演变历程

时　　期	态　　度	节　　　　点
18 世纪	尊重时期	君主专制社会的全盛时期
1840—1905	轻蔑时期	鸦片战争后的半殖民地半封建时期
1905—1937	仁慈时代	推翻君主专制的过渡时期
1937—1944	钦佩时代	第二次世界大战反法西斯同盟
1944—1949	幻灭时期	国共内战时期
1949—*	敌视时期	意识形态对立

* 编者注:《浮光掠影》中并未给出这一阶段的截止时间,该书出版于 1958 年,读者可据此推算。

美国学者毛思迪在《被误解的中国:美国的幻觉与中国的现实》一书中延续了艾萨克斯的研究,他发现,随着国际关系和中国国内重大历史事件的变革,西方人眼中的中国形象也随之跌宕起伏(见表 4-2)。

表 4-2　毛思迪有关西方人眼中的中国形象的演变

时　　期	态　　度	节　　　　点
1949—1972	敌视时期	中华人民共和国成立
1972—1977	钦佩时期	中美关系正常化
1977—1980	二次幻灭时期	"文化大革命"结束
1980—1989	二次仁慈时期	改革开放后

艾萨克斯和毛思迪的研究从纵向视角归纳出西方人眼中中国形象的演变历程,那么从时代的横切面来看,目前国外媒体"他塑"的中国是什么样子的呢? 课题组选择了美国的《纽约时报》、英国的 BBC、"一带一路"沿线国家菲律宾影响力最大的英文报纸与华文报纸为切入点进行了考察。

选择这三个国家的四家媒体作为研究对象,课题组出于以下两个考虑:

首先,在全球范围内选择一家顶尖纸媒、一家顶尖电视媒体进行研究,尽可能照顾到传播渠道的不同形态。

关于全球范围的顶尖媒体,课题组的视线首先落在了美国。美国在国际事务中扮演着重要的角色,拥有广泛的国际影响力;美国国民乃至全球民众对中国的印象与态度在很大程度上受美国媒体的影响,美国媒体在塑造中国国际形象中的作用不容小觑。课题组决定选择一家美国媒体。依据重要性和易得性原则,选择了美国《纽约时报》网站作为研究对象,对其 2015 年的涉华报道做了内容分析。

之所以选择《纽约时报》2015 年的涉华报道,有四个方面的原因。一是《纽约时报》的全球影响力。《纽约时报》全球发行,美国媒体在全球国际传播秩序中占有压倒性优势,《纽约时报》贡献了很大的分值。《纽约时报》的受众多为政府人员、中产阶层等高知识群体,其报道常常影响精英层的决策。二是《纽约时报》的良好口碑。这份报纸被认为是美国高级报纸、严肃刊物的代表,长期以来拥有良好的公信力和权威性。如果《纽约时报》报道某一事件,那么这个报道的可靠性一般被认为是非常高的,因此常常被其他国家媒体直接转载。该报曾荣获 117 项普利策奖,所获奖项比任何一家报纸都要多。三是《纽约时报》的研究资料可以通过网络获得。1996 年 1 月《纽约时报》网站 www.nytimes.com 问世,收录了该报自 1851 年创刊以来所收录的所有内容。2009 年 3 月,凭借超过 2 000 万的访问量,《纽约时报》网站成为美国访问量最高的报纸新闻网站,访问量是排名第二位的报纸网站的两倍多。2012 年,《纽约时报》推出了中文版的新闻网站,即 cn.nytimes.com。不过课题组研究的对象是美国版。第四个原因是,课题获批时间为 2015 年底,2016 年,课题组首先启动了国外媒体涉华报道这一子课题的研究,因此研究内容是《纽约时报》2015 年全年涉华报道。

关于全球顶尖电视媒体,课题组选择了英国的 BBC。课题组决定以 21 世纪以来 BBC 制作的涉华纪录片为研究对象,截至 2017 年子课题结束,共选择《战栗东方》(2001)、《成吉思汗》(2005)、《今日中国》(2007)、《中国学校》(2008)、《西藏一年》(2008)、《美丽中国》(2008)、《中国人要来了》(2011)、《中国的动荡与崛起》(2012)、《全球变化最快的地方》(2012)、《驾车游中国》(2012)、《发现中国:美食之旅》(2012)、《中国老师来了》(2015)、《中国的秘密》(2015)、《中国新年:全球最大庆典》(2016)、《上海之味》(2016)、《中华的故事》(2016)、《中国创造》

(2016)、《经济腾飞后的中国足球崛起之路》(2016)、《中国计划生育大军》(2016)等纪录片。

其次,2015 年 3 月 27 日,在海南博鳌亚洲论坛上,发改委、外交部和商务部联合发布了《推动共建丝绸之路经济带和 21 世纪海上丝绸之路的愿景与行动》。课题组希望能够对"一带一路"沿线国家的涉华报道做一些研究,在这种情况下,菲律宾作为"21 世纪海上丝绸之路"必经的一环、"古代海上丝绸之路"沿路国家进入课题组视线。课题组选择菲律宾发行量最大的两份中英文报纸进行研究,其中英文报纸为 *Philippine Daily Inquirer*(以下称《菲律宾询问日报》),中文报纸为菲律宾《商报》(*Chinese Commercial News*)。研究时段为 2015 年 9 月 1 日到 2016 年 8 月 31 日。

下面分述之。

(一)《纽约时报》、BBC 和菲律宾媒体的报道

1. 美国《纽约时报》网站的 2015 年涉华报道

《纽约时报》网站共有四个入口:美国版、国际版、中文版及西班牙文版。本研究旨在研究美国人眼中的中国形象,故课题组决定进入《纽约时报》网站美国版抓取研究对象。搜索关键词为"China"和"Chinese",搜索时间段为 2015 年 1 月 1 日至 12 月 31 日。搜索结果为:以"China"为关键词得到 4 267 个样本,以"Chinese"为关键字得到 3 165 个样本。经过课题组仔细筛查,排除不符合研究目的的样本,最后得到的涉华报道样本数量为 1 388 篇。其中,1 月份样本量为83 篇,2 月份样本量为 88 篇,3 月份样本量为 109 篇,4 月份样本量为 95 篇,5 月份样本量为 95 篇,6 月份样本量为 108 篇,7 月份样本量为 125 篇,8 月份样本量为 152 篇,9 月份样本量为 121 篇,10 月份样本量为 122 篇,11 月份样本量为 134 篇,12 月份样本量为 156 篇(见图 4 - 1)。

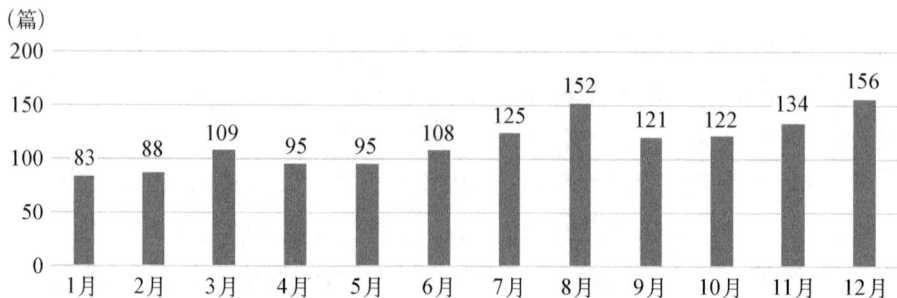

图 4 - 1　2015 年《纽约时报》网站各月份涉华报道数量分布

　　鉴于样本量大,课题组对 1 388 篇报道进行了随机定距抽样,具体办法为:随机抽样,在第一周里随机抽取第一个样本(周一);定距抽样,每隔两天选取一天报道作为样本。这样,从 2015 年第一周的周一开始开始抽样,第一周抽取周一、周四、周日,第二周抽取周三、周六,第三周抽取周二、周五;从第四周开始与第一周相同,以此往复,共得到样本 427 篇。

　　按报道倾向进行样本分类,从整体来看,《纽约时报》网站 2015 年涉华报道中正面报道(22%)与中立报道(58%)占总数的八成,负面报道占二成(见图 4-2)。之后课题组视 8∶2 为 2015 年涉华报道报道倾向的常态分布,对异于常态比例的内容进行了分析。

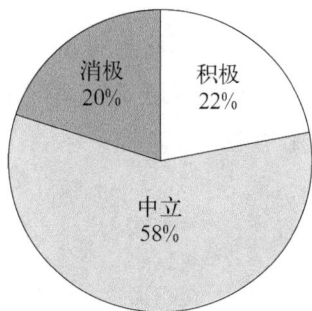

图 4-2　《纽约时报》网站 2015 年涉华报道倾向

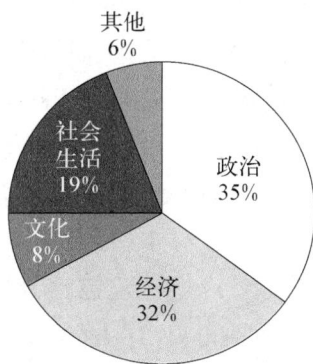

图 4-3　《纽约时报》网站 2015 年涉华报道主题分布

　　按照报道主题进行样本分类,得到政治类报道 148 篇,经济类报道 135 篇,文化类报道 33 篇,社会生活类报道 83 篇,其他内容 28 篇。从整体来看,《纽约时报》的涉华报道中,政治经济报道居多,占全部样本的 2/3,其中政治报道约占全部报道量的 35%,经济类报道约占 32%;排在第三位的是社会生活类报道,约占 19%;文化类的报道所占比重较小,约占 8%(见图 4-3)。

　　(1)政治报道分析

　　政治形象是一个国家形象的重要组成部分,政治新闻是一份报纸中"硬新闻"的重要组成部分。作为美国主流报纸的《纽约时报》对中国政治建设进行了重点关注,报道量日均一篇有余。

　　在 148 篇政治报道中,有关中国制度政策的报道所占比重最大,共有 25 篇,占总数的 16.9%;有关人权(14.2%)、外交(14.2%)、少数民族(12.8%)、港澳台

（12.2%）、国家安全（10.8%）的报道也占有一定的比重（见图 4 - 4）。

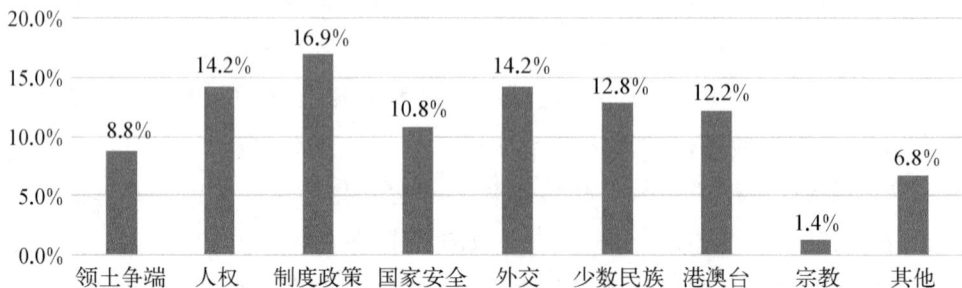

图 4 - 4 《纽约时报》网站 2015 年涉华报道中的政治类报道议题分布

从整体来看，《纽约时报》网站 2015 年涉华报道中正面报道（22%）与中立报道（58%）占总数的八成，负面报道占二成。

课题组抽样得到 5 篇关于我国反腐倡廉的报道样本，此类报道均从个案出发，涉及的案例包括周永康、徐才厚、马建等。报道多对我国反腐倡廉工作取得的成就轻描淡写，而是运用较多笔墨描绘了中国的腐败现象。

在南海问题的样本中，内容呈肯定、支持倾向的正面报道占 7%，呈否定、包含道德判断、蓄意丑化中国形象的负面报道占 31%，无明显态度倾向性的中立报道占 62%（见图 4 - 5）。

有关我国人权的报道，负面倾向性严重。在 21 篇样本中（其中 9 篇报道涉及浦志强，3 篇涉及艾未未，5 篇涉及女性权利，4 篇为偶发人权报道），极少有正面和肯定的报道。在报道人权事件时，美国媒体往往忽视中国国情，忽视中国政府在解决这些问题时所做出的努力和取得的成就。

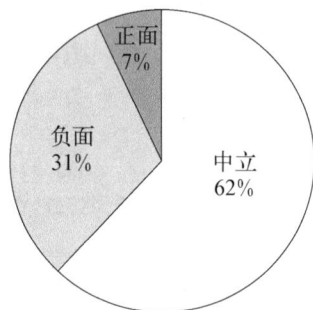

图 4 - 5 《纽约时报》网站 2015 年有关中国南海问题报道的倾向性分布

样本中有关西藏的报道共有 12 篇，其中包括文章 9 篇，漫画 1 篇，读者来信 1 篇，社论 1 篇。从新闻主题来看，有关西藏的话题中，达赖喇嘛是报道重点，但是该网站有关达赖喇嘛的报道对事实进行了歪曲，带有相当大的片面性。

《纽约时报》有关中国外交的报道，数量也较多，报道内容不仅仅局限于中美关系，中缅、中朝、中非、中欧、中印、中巴、中土关系等也是《纽约时报》网站 2015 年涉华报道的重要议题。其中，对发生在我国边境的两次误伤事件（涉及中朝、中缅人士）进行了持续的报道，对案件涉及的国际关系进行了分析，从美国的利益出发对该类事件做出判断。

（2）经济报道分析

中美两国作为当今世界最大的发展中国家和发达国家，是世界上影响力较大、关系较为密切的两大经济体。课题组对《纽约时报》网站 2015 年有关中国经济建设的报道样本进行了分析。

在 135 篇经济报道中，有关经济发展形势的报道最多，共有 50 篇，占 37%；其次是有关经济发展举措的报道，共有 33 篇，约占 24.4%；有关中外企业发展的报道有 27 篇，占 20%；有关中外经济关系的报道有 19 篇，约占 14.1%；其他主题的报道有 6 篇，约占 4.4%（见图 4-6）。

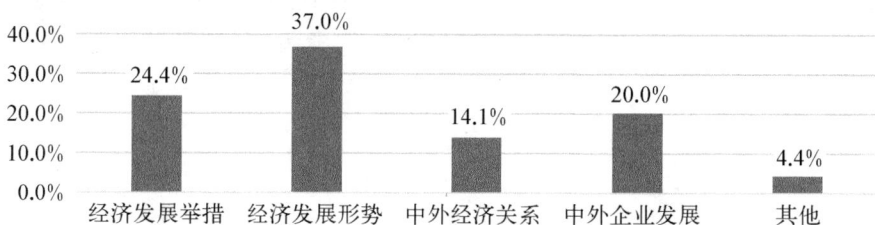

图 4-6　《纽约时报》网站 2015 年涉华报道中的经济类报道议题分布

从报道篇幅来看，在 135 篇经济类报道中，长篇报道所占比例为 47.4%。其中，在"经济发展举措"这一主题下的长篇报道所占比例最高，为 60%。在"经济发展形势"这一主题下的长篇报道所占比例排在第二，约为 53.7%。

从信息来源来看，在"经济发展举措"相关议题中，《纽约时报》网站倾向于使用中美两国较有公众影响力的信息源，如两国政府和专家学者及公众人物。一般来说，在介绍中国经济发展举措、报道中国经济发展形势时，相关报道会直接引述中国官方的说法，并从美国的利益出发对该举措会对美国造成哪些影响进行分析，因此，在信息源采用方面，该类报道更倾向于引用美国政府及专家学者/公众人物的说法。在"中外经济关系"的报道主题中，来自美国方面的信息源远远超过了中国方面的信息源。在报道"中外企业发展"这一主题时，该网站更倾向于采用中国和美国普通民众的观点，通过企业的发展来透视两国经济发展现状。《纽约时报》网站 2015 年经济类报道信息来源分布如图 4-7 所示。

（3）社会生活报道分析

在 83 篇社会生活报道样本中，所占比重最大的是有关安全事故的报道，共有 20 篇，约占 24.1%；其次是科学技术类报道，共有 15 篇，约占 18.1%；位列第

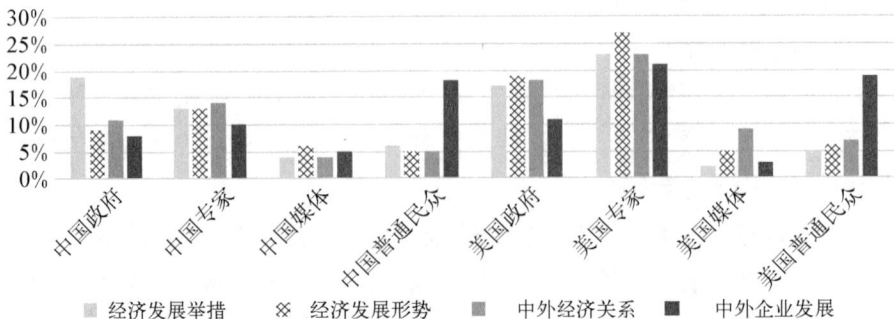

图 4 - 7 《纽约时报》网站 2015 年涉华报道中的经济类报道信息来源分布

三的是环境报道,共有 13 篇,约占 15.7%。所占比例为个位数的报道是美食(8.4%)、社会治安(8.4%)和旅游(8.4%),体育类报道占 6%,卫生类报道占4.9%(见图 4 - 8)。

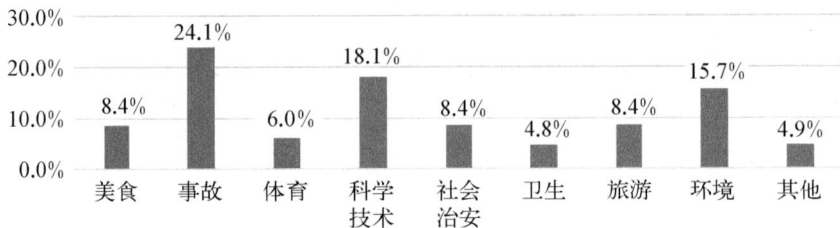

图 4 - 8 《纽约时报》网站 2015 年涉华报道中的社会生活类报道议题分布

课题组就占比位列前三的报道进行了分析,发现科技报道框架与上面的经济发展(举措、形势)一致;安全事故和环境报道报道框架一致。

首先,科技报道方面。《纽约时报》网站 2015 年涉华报道中有关科学技术的报道共有 15 篇,具体议题包括:美国天普大学物理系主任习小星涉嫌将敏感技术卖给中国被捕,美国方面放弃控诉;特许通信公司和时代华纳有线股东就合并问题进行投票;中国科学家发现孙氏振元龙化石;中国科学家进行人类基因编辑实验引争议;中国的机器人革命;中国将效仿美国建立国家公园体系;为减少环境污染,中国台湾使用一种名为 Gogoro 的新型电动摩托车;北京首个新型公厕"第五空间"投入使用,公厕覆盖 Wi-Fi,设配备缴费、ATM 机等;在联合国有关网络管理的会议上,中国试图扩大自身影响力;月球上发现新型岩石;中国称其正在建设第二个航空母舰;美国指控 6 名中国科学家为商业间谍等。课题组发现《纽约时报》网站 2015 年有关中国科学技术的报道多以新兴技术和高科技为主,倾向于从美国利益出发分析该项技术对美国造成的影响。这点与上面的经济发展报道(举措、形势)是一致的。

其次,安全事故和环境报道方面。《纽约时报》网站2015年涉华报道中安全事故报道样本包括:2月4日台湾复兴航空客机坠河事件、6月1日东方之星旅游客船倾覆事件、8月12日天津滨海新区爆炸事故及12月20日深圳山体滑坡的报道等。《纽约时报》网站2015年环境类报道样本共有13篇,关注点在于中国的环境污染问题,具体包括煤炭的使用、雾霾天气、气候变化等。在13篇报道中,共有7篇是对中国雾霾天气的报道。

课题组发现《纽约时报》网站在进行安全事故和环境报道时,采取的是"事故(问题)+原因分析"框架,对于救援救灾工作的报道较少。

例如,关于8月12日天津滨海新区爆炸事故,相关报道共有5篇,报道中称:中国有工业安全规范,但执行不力;一些公司为获取最大的利益而罔顾环境安全;事故发生后,一些主管部门试图掩盖真相,急于安抚公众的愤怒和不信任的情绪。

关于6月1日东方之星旅游客船倾覆事件,相关报道共有5篇,《纽约时报》网站将该游船描述为"国有的、据报道称早已债务累累"。

关于深圳山体滑坡,相关报道共有4篇,报道引用中国官方媒体的说法,认为该次事故由人为原因造成,该垃圾场是危险的、管理不善的,但官员并没有做好预防措施。

关于台湾复兴航空客机坠河事件,相关报道共有2篇,报道指出台湾航空向来是不安全的,但近些年安全度有所提高。

关于中国雾霾天气的报道,该网站在描述雾霾状况及空气污染程度方面投入较多笔墨,呈现了一些空气检测数据。在原因分析方面,认为当下的空气状况与政府行为有着理不清的关系。

2. BBC 21世纪涉华纪录片

为了研究欧洲人眼中的中国形象,兼顾视听媒体渠道,课题组选择了英国视听媒体BBC作为研究媒体,以BBC 21世纪出品的涉华纪录片为研究对象,开展了欧洲人眼中的中国形象研究。

一个大国的形象通常包含经济、政治、文化与社会四个维度,课题组分别就这四个方面进行了内容分析,并就纪录片呈现的中国形象进行了总结。

(1)内容分析

视听作品的内容分析与文字作品不同,课题组从内容与表达两个维度进行了分析,通过题材选择重点分析纪录片的主题和倾向性,通过结构安排和视听语言分析表达的倾向性。以下分述之。

首先是题材选择。根据研究需要,课题组从政治形象、经济形象、文化形象和社会形象四个方面对涉华纪录片的拍摄题材进行了归类研究。研究结果显示,经济题材是BBC涉华纪录片最为关注的内容,占比达到45%;其他题材相对较少,人文历史题材占比达21%,政治和社会题材各占17%(见表4-3)。这说明经济快速发展的中国是BBC关注的重点。

表4-3 BBC涉华纪录片的题材

题　材	分　类	数量	关　键　词
经　济	经济与发展	8	中国的经济发展问题、中国崛起对其他国家的影响
	环境与资源	7	中国的环境污染与资源消耗问题
人文历史	人文地理	4	中国的自然人文景观、传统节日习俗、地方美食文化
	历史与文化	3	中国古代帝王传、战争历史、中华文化历史
政　治	党政与民主	4	中国的政治制度
	宗教与人权	2	中国的宗教信仰及人权
社　会	社会百态	4	中国的计划生育政策、贫富差距
	学校教育	2	中国的学校状况、教育方式

在倾向性方面,课题组对纪录片的关键词进行了提取和分类,发现:从整体来说,BBC在宗教与人权题材(6%)方面持负面态度,除此之外,其他内容均是正面或中立态度,其中持正面态度的主要是人文历史内容(21%),更多的是中立态度(73%)。即BBC涉华纪录片对中国的负面评价所占比例不到一成。

下面从经济、文化(人文历史)、政治、社会四个方面进行倾向性分析。

第一,经济题材。经济题材是BBC涉华纪录片关注的重点,这一题材包括经济发展和环境资源两部分内容,占到整体的45%。涉及的内容主要是中国经济的快速发展,负面评价包括经济发展失衡,中国的环境污染及资源消耗,中国对世界其他国家的威胁等。

例如,BBC 2013年的纪录片《驾车游中国》涉及经济发展失衡的问题。两位主持人分成两条线路拍摄,分别展示了中国最繁华的沿海城市和最贫穷的内陆城市。在他们的镜头下,中国沿海城市的发达程度已经达到西方国家的水平,而落后的内陆山区比拉丁美洲的部分城市还要贫穷。这部纪录片还涉及中国房地产泡沫的问题,该片认为中国政府没有及时实施调整房价的相关举措来应对房地产泡沫的问题。

例如,BBC 2011 年的纪录片《中国人要来了》宣扬"中国威胁论"。BBC 将中国对非洲的经济和劳动力输出看成一种"殖民",将中国在非洲的建设看成"掠夺",把大量非洲大象被非法捕杀的原因归结于中国人使用象牙制造筷子。该片还说中国在巴西的行为是对巴西环境的破坏和资源的掠夺。

BBC 大部分有关经济发展题材的涉华纪录片都会涉及中国的环境污染与资源消耗问题,认为环境与资源问题是经济快速发展所带来的"次生灾害"。例如近几年来逐渐恶化的雾霾天气成为 BBC 涉华纪录片中表现中国环境污染问题的典型素材。

第二,人文历史题材。人文历史题材包括历史文化和自然与民俗,这一类别在整体中占比 21%。具体包括中国的历史文化、自然风光、风俗民情和美食等。

BBC 关于中国的历史文化纪录片,按照时间顺序分别是 2001 年的《战栗东方》、2005 年的《成吉思汗》和 2016 年的《中华的故事》,涵盖重大历史事件和著名历史人物以及中国历史文化发展脉络等内容。

BBC 2001 年的纪录片《战栗东方》,透过珍贵的历史影像和对老兵、受害者的采访,多角度重现了第二次世界大战期间日军在东亚、南亚一带疯狂发动战争的历史。

BBC 2005 年的纪录片《成吉思汗》,讲述了成吉思汗叱咤风云的人生传奇。BBC 纪录片创作者利用演员的装扮与情节的设计,生动地模拟了历史画面,将观众带回到了元朝时的中国,向观众介绍了这位南征北战、声名远扬的古代帝王,还原了铁木真金戈铁马的一生。

BBC 2016 年的纪录片《中华的故事》,从中国古代的夏商周时期一直讲到改革开放后的历史变迁,这部 6 集的系列纪录片聚焦了不同时期的中国,展示了中国在各个领域取得的成就,并随着时间的推进融入了历史中的各大重要事件。

BBC 2008 年的纪录片《美丽中国》拍摄了中国 50 多个国家级风景保护区,捕捉到了 80 多种珍奇野生植物,记录了 30 多个民族的日常故事。从江南鱼米之乡到西双版纳的热带雨林,从高寒的珠穆朗玛峰到中国的标志性建筑长城都能在片中看到。

BBC 2016 年的纪录片《中国新年:全球最大庆典》记录了中国各地的节日

习俗、特色小吃等,在网络上得到了广泛的关注与好评。纪录片拍摄了哈尔滨、昆明等十个地区的新年习俗,表现了包饺子、放烟花等中国人庆祝新年的传统方式,记录了中国特色春节晚会的台前幕后。通过归乡、团聚和欢庆三个笔触勾勒出中国新年的全景图。

BBC 2012 年的纪录片《发现中国:美食之旅》由有"中国菜教父"之称的德国华裔名厨谭荣辉以及华裔女主持人黄瀞亿联合主持。两人穿越大半个中国,通过挖掘美食和历史故事讲述中华的美食文化。BBC 2016 年的纪录片《上海之味》也在网络上走红。英国美食家里克·斯坦在上海的大街小巷中品尝了地道的特色美食,外国人对中国美食的喜爱也引发了中国观众的热烈讨论。

第三,政治题材。政治题材包括党政与民主、宗教与人权两部分,占整体的 17.6%,负面评价内容基本都在这里。例如,2007 年的纪录片《今日中国》拍摄了中国农村基层民主中的一些腐败、垄断现象,对我国政治体制说三道四。

第四,社会题材。社会题材包括社会百态和学校教育两部分内容,占整体的 17.6%。

2016 年的纪录片《中国计划生育大军》讲述了近年来中国计划生育政策由独生子女到放开二胎的变化,涉及计划生育工作人员工作内容的变更,儿童福利政策的出台等。

BBC 2008 年的纪录片《中国学校》,以安徽省的小镇休宁为缩影,集中拍摄了学生、老师和家庭在生活中遇到的各种问题,包括高考竞争的压力、山区贫困寄宿生的生活、班干部选举……

2015 年的纪录片《中国老师来了》讲述了 5 名中国老师在英国一所中学实施一个月中式教学实验的故事。

BBC 纪录片呈现的是 BBC 记者眼中的中国和中国人,不可避免地带有观察者的渠道烙印及刻板印象。例如 BBC 2015 年的纪录片《中国的秘密》中,出镜记者呈现出的中国形象是绝对的服从与自由的匮乏,呈现出的中国人形象是对权力的崇拜、对财富的推崇、对大龄未婚状况的担忧。

其次是结构安排。纪录片的结构安排是讲述纪录片内容的一种方式,对纪录片的呈现效果起着举足轻重的作用。BBC 涉华纪录片主要运用了两种结构框架,一种是故事化结构,一种是二元对立的结构。

第一,故事化结构。一个现实的事件在变成可以传播的事件之前,首先需要变成一个"故事"。如何讲故事,如何把故事讲好,就是创作者要考虑的事。

例如,在 BBC 纪录片《中国老师来了》中,摄制组邀请了 5 名中国老师到英国的一所中学给 50 名英国初中生进行为期一个月的"中式教育"。纪录片首先对故事情节进行铺陈,交代故事发生的背景与意图。除了这 50 名学生外,学校同年级的其他学生仍然由英国老师授课,一个月后,接受中英两种不同教育方法的学生通过考试进行较量,看看哪种教学方式更有效。故事的趣味性就在比较中凸显出来。在接下来的叙述当中,镜头捕捉到了中国老师与英国学生的种种冲突与矛盾,冲突与矛盾更是展现故事戏剧性的最好的情节设置。一个月结束后两组学生分别进行所学各个科目的考试,这个结果会在最后一集的结尾公布,而从第一集开始,纪录片每集结束之前都有中国老师或英国校长、学生或旁白的声音对最终比赛成果的情况进行引导与透露,在留下悬念的同时成功吸引了观众。该故事结构的设计非常简单,但在开端、发展、结果的线性叙事中穿插着冲突与悬念,种种细节也折射出了中英两种教育方式各自的优势与弊端。张弛有度的节奏吸引了观众的眼球,也延续了观众关注故事进展的热情。

第二,二元对立结构。区别于故事化结构的线性叙事,二元对立结构选取逻辑上相关联的不同的场景、人物、事件作为对象,通过交叉叙事,在对比中突出故事的主题。

例如,纪录片《中国的秘密》就利用二元对立结构表现出中国社会贫富差距这一主题。

纪录片第一集拍摄题材是电子竞技游戏。摄制组来到网吧,拍摄了很多年轻人在电脑前痴迷于电子游戏的场景,在随后采访中,得知他们学历不高,但都很崇拜王思聪,希望在电子竞技平台中展现自己。随后镜头一转,摄制组探访了王思聪的家,镜头中的豪宅与对王思聪的采访,呈现了中国的贫富差距。

纪录片的第二集拍摄题材是婚恋,选取了贫富差异较大的采访对象进行对比。摄制组首先来到了安徽合肥的一处社会相亲角,拍摄了很多单身青年男女和一些替孩子来相亲的家长。主持人采访了一名 28 岁的未婚青年,他表示现在的女生都会选择有房的男生作为结婚对象,站在他一旁的母亲感慨道"没有房子结不了婚啊,我们是农村来的,养大一个儿子多不容易啊",随后流下了辛酸的泪水。随后摄制组选择了北京一对中产阶层新婚夫妻,拍摄了他们为婚礼所做的筹备——地段优越的新房、精心制作的婚纱照、珠光宝气的昂贵首饰、豪华气派的结婚典礼,这些奢华场面被一一拍摄下来,主持人还强调两人的婚礼花费了50 多万元人民币,相当于他们三到四年的全部工资。纪录片在最后陈述道:结婚这件事在中国不仅仅是两个人的幸福这么简单,同时还是双方家庭彰显自己财富与社会地位的机会。

再次是视听语言。视听语言也能表达创作者的意图。BBC涉华纪录片视听语言使用客观与主观兼有,下面分述之。

第一,客观镜头——长镜头。长镜头是一种相对于蒙太奇的拍摄手法,在一个场景中用相对较长的时间不间断地拍摄一个单个镜头,可以表现创作者的特定构想并对表现主题起到突出的作用。通常情况下,长镜头可以还原一个完整的现场事件,具有时空上的延续性,同时由于没有创作者对镜头的剪辑,因而又具有一定的客观性。这种无法穿插创作者个人意图的持续画面可以让观众在观看的过程中拥有更多属于自己的思考空间。故事的内容在一个镜头中全部展现出来,不仅达到了完整叙事的目的,也是能使观众最接近事件真相的一种影像表达方式。

BBC纪录片《中国新年》的第一集对中国春运进行了记录。片中随机选取了火车站与机场的乘客与接站人员。归乡路途的遥远、家人团聚的欣喜被一一拍摄下来。在这段纪录片中有一段完整记录一家老小在春节前的机场团圆的长镜头。机场来来往往的人流中在接机口等待的一大家人的背影出现在镜头当中,在他们的聊天中表现出了急切的心情。当亲人从出关口走出的时候,等待的家人们举起手臂挥舞,小孩子迅速跑过来被大人揽进怀中,家人们纷纷拥抱、亲吻、送上礼物、问过年好,这一连贯的长镜头使纪录片更加丰富和生动,春运期间拥挤的车站、翘首盼望的家人们的身影都被囊括到镜头中。在跟随采访对象的拍摄过程中,镜头全景的景别让观众有一种亲临现场的感觉,身临其境地感受着拥挤的春运。长镜头里一段完整的团圆情节的展现,也让纪录片传递出中国人对春节团圆这个传统习俗的重视。

第二,主观镜头——指意的蒙太奇。蒙太奇是一种关于电影中的镜头组合的理论。不同含义的镜头拼接剪辑能达到创作者想要表达的特定效果。"作为电影叙事的主要表现手段和思维方法之一,蒙太奇将一系列在不同地点、从不同距离和角度、以不同方法拍摄的镜头排列组合起来,构成情节,刻画人物。但当不同的镜头组接在一起时,往往又会产生各个镜头单独存在时所不具有的含义。"①纪录片的内容是真实的记录而不是刻意的编排,事件的篇幅长短只能强

---

① 陈国钦.纪录片解析[M].上海:复旦大学出版社,2014:238.

调其重要性的大小,要想达到特定的创作意图,创作者就会利用蒙太奇的手法产生对比、反讽、隐喻的效果,从而带领观众按照画面的叙事逻辑向其创作意图靠拢。BBC涉华纪录片就通过对画面的精心剪辑,巧妙地运用了蒙太奇手法。

例如,BBC纪录片《中国人要来了》中刻意表现的"太极"画面。其实,一位中国老人练太极拳,本是一个平和、安详、亲切的视觉形象,但是创作者将老人打太极的镜头穿插在非洲最繁忙的港口前面,画面的背景是来来往往的商贸船只。在这类象征着经济发展的贸易往来场景中插入中国老人打太极拳的镜头,随后又刻意突出了跟在老人身后的一大群模仿与学习中国太极拳的非洲青少年群体,别有用心地将中国太极的视觉形象作为一个印章盖到了非洲青少年身上,似乎在隐喻中国的崛起不仅影响了非洲的经济领域,同时对非洲人民甚至非洲的下一代进行了"文化渗透"。诸如此类的画面编排剪辑都在把观众向"中国威胁论"的方向引导。BBC涉华纪录片常用隐喻蒙太奇的方式,将创作者戴着有色眼镜的创作意图强烈地传递给观众,达到了指意的功能。

(2)形象呈现

课题组从上述经济、文化、政治和社会方面进行了内容和表达两个维度的分析,在此基础上对BBC纪录片所呈现的中国形象进行总结,得出如下结论:BBC纪录片中的中国形象是西方人想象、感受和再造的中国,是一个在急速发展中充满矛盾和阵痛的中国。具体来说,就是失衡的经济巨人、强势的主权国家、古老的中国文化、多元分化的社会。

第一,失衡的经济巨人。1999年,我国国庆50周年之时,新加坡国务资政李光耀发表了题为《中国——一个经济巨人》的演讲,指出了在过去的20年中中国在经济领域取得的巨大成就,引起了西方国家的关注。进入21世纪以来,中国的经济发展在全球范围内处于领先地位,西方国家都在以不同的态度观察中国的崛起,BBC也不例外。

BBC纪录片多方面地展现了中国在经济领域的发展。无论是大城市、城镇,还是乡村,中国的经济都在迅速发展,在众多产业和行业中取得了巨大的成就,中国人民物质财富快速积累,从而拉动消费,进入消费升级时代。中国城市里鳞次栉比的高楼大厦、先进的电子商务交易系统与发达的物流运输场景在纪录片中均有体现;与此同时,纪录片还展现了中国城镇区域经济的繁荣景象,展现了农民群体生活条件改善后的全新生活。这些内容将中国塑造成了一个拔地而起的经济巨人。

但是，BBC在对中国蓬勃发展的经济予以肯定的同时，也展现了蓬勃发展背后存在的矛盾和问题。首先是中国的城乡二元化结构，城市与乡村在基础设施完善程度、公共文化服务体系等方面存在着巨大的差异。其次是不同阶层在收入方面的差距，以及由此引发的一系列社会问题。最后是粗放的经济发展模式所带来的环境问题，BBC认为，恶劣的环境状态会为随后的经济建设提供"负加成"，在未来发展中会成为中国经济发展的更大阻力。

第二，强势的主权国家。BBC近年来创作的有关中国的纪录片中，中国往往被贴上"强势"的标签。例如BBC纪录片批评中国曾经采取的计划生育政策，将中国政府描绘成权威统治者，刻意大量暴露中国的腐败现象等。

第三，古老的中华文化。五千年的中华文明积淀出了历史的厚重，让西方国家对中国产生了无限的好奇与敬仰。从近年来刮过全世界的"中国风"就可以看出，中华文化在全球范围内产生了一定的影响。中国的地理环境造就了丰富的自然风光，也孕育了灿烂的文化习俗，其中美食文化与节日庆典就是最引人注目的两个方面。BBC涉华纪录片在不涉及政治与意识形态的文化领域对中国给予了正面的肯定与尊重。

但从BBC涉华纪录片关于历史文化、人文地理的题材框架与现阶段中国国家形象的调查中可以看到，西方人眼中的中国形象往往还局限于符号化的武术、中医、丝绸、熊猫、长城等传统元素。

BBC纪录片报道中国文化的关注点往往是中国的古代文明，而对中国文化中的当代元素的关注非常少。

第四，多元分化的社会。BBC近年来有关中国的纪录片中，对于中国社会新增的认知多呈现出批判的态度，主要体现在农村城市化、贫富差距大等方面。

BBC通常采用对比的拍摄方式，将中国的奢华与贫困、有序与脏乱等差距突出地展现出来，放大中国社会发展中的两极分化。并且，创作人员通常用双线结构的叙事方法，分别介绍中国的贫富阶层，包括他们的居住条件、工作环境、个人成长和发展等，并用其巨大的差异来形成视觉和心理上的冲击。纪录片会特意选择差异性较大的人物和阶层，放大贫富差距，夸大中国社会的不均衡和中国今后面临的严峻考验和危机。

总之，BBC关于中国的纪录片涉及的领域极多，大到政治经济，小到民生百态。虽然BBC纪录片所呈现的中国形象是西方人想象、感受和再造的中国，但这些纪录片形塑着"中国形象"，传播着"中国形象"，影响着中国在世界范围的形象塑造和传播。

3. 菲律宾报刊有关"一带一路"的报道

课题组在菲律宾选择了两份报刊作为研究对象,其中一份是华文报刊菲律宾《商报》,一份是英文报刊《菲律宾询问日报》。之所以选择菲律宾《商报》,是因为菲律宾《商报》创刊于 1919 年,是菲律宾历史最悠久的华文报纸,也是菲律宾华人圈具有影响力的华文报纸[①]。选择《菲律宾询问日报》的原因在于该报是菲律宾的主流英文报刊,据 Alexa[②] 的数据统计,该报在菲律宾的媒体中排名第七位,在新闻媒体中排名第一。

课题组选择这两家报纸的网页版进行了研究内容的搜集。一是因为这两家报纸的网页版与纸质版内容一致,选择网页版较为便利。二是根据社交媒体调查机构 We Are Social《2016 年全球互联网、社交媒体、移动设备普及情况报告》,菲律宾的互联网普及率达 46% 左右,比东南亚的平均水平高 8 个百分点,移动社交网络普及率达到 32%。菲律宾人均上网时间位居世界第二,与排名第一的巴西几乎持平。菲律宾还是全球国家中花费在社交网络上时间最长的国家,人均每天 3.7 小时,高于全球平均水平 2.4 小时[③]。这说明相当一部分菲律宾人也是通过互联网获得信息的。

课题组以 2015 年 9 月 1 日到 2016 年 8 月 31 日为时间节点抽取样本,首先在两份报纸的官方网络版中输入"CHINA""CHINESE"(不区分大小写)得出关于中国的相关报道,接着在所选样本中检索"the Silk Road Economic Belt and the 21st-Century Maritime Silk Road"(丝绸之路经济带和 21 世纪海上丝绸之路)、"the Belt and Road"(一带一路)、"BR"("一带一路"的缩写),得到最终研究样本。下面从内容和倾向性两个方面对样本进行分析。

(1) 菲律宾《商报》对"一带一路"的报道

2015 年 9 月 1 日到 2016 年的 8 月 31 日,菲律宾《商报》刊登有关"一带一路"的报道共计 130 篇,全部都是对中国新闻媒体文章的转载。从文章来源看,以中国新闻网文章最多,共 84 篇,占总转载数的 64.6%;中国侨网位居第二,共 26 篇,占总转载数的 20%;新华网位居第三,共 5 篇,占总转载数的 3.8%;其余

①　赵振祥,等.菲律宾华文报史稿[M].北京:世界知识出版社,2006.

②　Alexa 是一家专门发布网站全球排名的网站。Alexa 是当前拥有 URL(Uniform Resource Locator 统一资源定位符,简称网页地址)数量最庞大,排名信息发布最详尽的网站。

③　We Are Social. 2016 年全球互联网、社交媒体、移动设备普及情况报告[EB/OL]. http://www.199it. com/archives/437192.html.

新闻媒体共 13 家，共 16 篇，占总转载数的
11.6％（见图 4-9）。

从编排手段来看，仅有 11 篇报道在标题中
标出"一带一路"四个字，占全部稿件的 8.46％。
其余的 119 篇报道中，标题中大多含有"华人华
侨""侨胞""侨商"等字样，如《何亚非：侨务外交
是"十三五"侨务重头工作》①等。在很多报道的
标题中，"一带一路"相关内容并没有得到突出处
理，比如《中国印尼企业签署高铁合资协议：总
长 150 公里》②和《习近平今启中东行：全覆盖外

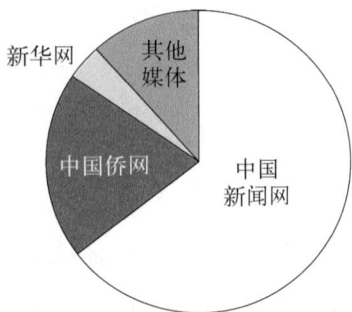

**图 4-9 菲律宾《商报》关于
"一带一路"报道的
文章来源**

交格局添关键一环》③这两篇文章，没有在标题中提及"一带一路"，说明此时菲
律宾华文报刊的关注点依然在中国外交和侨务工作范畴内。

从内容上看，菲律宾《商报》关注内容有二：一是中国关于华人华侨的政策，
二是中国政治和经济政策。

在华人华侨政策方面，转载内容多涉及华人华侨在"一带一路"倡议的施行
中的招商引资、企业合作等问题，以及对内外经济政策的梳理与阐释，如 2015 年
11 月 3 日转载中国新闻网文章《从五中全会公报看"十三五"规划予侨胞新机
遇》，2016 年 3 月 9 日转载中国新闻网文章《谭天星在致公党侨联界联组会回应
涉侨关切》，2016 年 6 月 12 日转发中国侨网文章《中国侨商组织工作交流会昆
明举行　王晓萍致辞》，这些文章都涉及"一带一路"倡议下华侨华人关切的内容
及问题。

在中国政治和经济政策方面，每逢中国有重大会议或重大外事活动，菲律宾
《商报》都会转载相关报道和解读文章。比如 2016 年 3 月 5 日转载的《李克强：
2015 年经济社会完成主要目标任务》④一文，是对李克强总理在北京向十二届全
国人大四次会议做政府工作报告的一次新闻转述；2016 年 3 月 16 日转载的《习
近平频提新发展理念　各省一把手该如何表态》⑤一文，是对习近平在党的十八
届五中全会首次提出的"创新、协调、绿色、开放、共享"发展理念的解读；2016 年

---

① 2015 年 11 月 16 日中国侨网文章。
② 2015 年 10 月 16 日中国新闻网文章。
③ 2016 年 1 月 19 日中国新闻网文章。
④ 2016 年 3 月 5 日中国新闻网文章。
⑤ 2016 年 3 月 16 日中国新闻网文章。

3 月 2 日转载中国新闻网文章《两会前瞻："十三五"是个什么舞》,不仅对"十三五"相关内容做出了阐释,也对将会在"十三五"期间重点关注的"一带一路"倡议进行了浅析;2016 年 1 月 22 日转载中国新闻网文章《习近平在阿盟总部演讲:共创中阿关系发展美好未来》,将习近平所讲内容尤其是将"一带一路"倡议向他国传达的精神转述给受众。

（2）《菲律宾询问日报》对"一带一路"的报道

2015 年 9 月 1 日到 2016 年 8 月 31 日,《菲律宾询问日报》有关"一带一路"的报道共有 15 篇。其中 7 篇是在"Business"（商业）版,5 篇在"Opinion"（观点）版,2 篇在"Global nation"（全球化）版,1 篇在"Lifestyle"（生活方式）版。《菲律宾询问日报》的网页版中,这几个板块都属于重要的板块,处在靠前的位置。将"一带一路"相关的这 15 篇文章放在这几个板块中,说明"一带一路"倡议的施行受到了些许关注,但重视程度不够。

从标题上来看,仅有 4 篇在标题中明确提到"Silk Road",如 2016 年 1 月 9 日发表在"观点"版的文章"Navigating China's new Silk Road"（中国新丝绸之路的航行）;其余仅在文中有所提及,如 2016 年 7 月 4 日发表在"观点"版的文章"China funding initiative"（中国的资金计划）,2016 年 1 月 19 日发表在"商业"版的文章"China worries Asian financial executives"（中国令亚洲金融高管感到担忧）。标题是一篇文章重要观点的提炼,从《菲律宾询问日报》的标题撰写来看,"一带一路"倡议并未受到菲律宾英文报刊的重视。

从内容上看,所截取时间段内的这 15 篇文章均是解读与评论文章,是对"一带一路"倡议的看法和意见。综合而言,大致包括以下三类观点。

第一类是对"一带一路"倡议的解读。2016 年 1 月 19 日文章"Navigating China's new Silk Road"（中国新丝绸之路的航行）一文指出:

"The original Silk Road, established more than 2,000 years ago, was a critical network of trade routes that promoted economic, political, and cultural exchange among Asia, Africa and Europe. China's new "Silk Road Economic Belt" and "Twenty-First Century Maritime Silk Road" will do the same, with newly built or upgraded infrastructure facilitating the flow of trade, investment, culture and ideas — and thus supporting shared economic growth.

"China has already laid the groundwork for these relationships, strengthening economic cooperation and trade with countries along the "belt and road." It has also spearheaded the creation of multilateral institutions — notably, the Asian Infrastructure Investment Bank — to support the investment projects. But it will not be smooth sailing. Like any cross-border initiative, the "one belt, one road" initiative will require wise diplomacy to manage relationships with diverse countries and careful planning to scale up effectively. Each country along the "belt and road" faces a unique combination of risks and challenge.

"Realizing the "one belt, one road" initiative will not be easy. But China has all of the tools it needs to succeed. As long as it uses them in a way that is clean, green and transparent, China and its neighbors will reap vast rewards."

（2000 年前创立的古丝绸之路是贸易往来重要通道，促进了亚洲、非洲、欧洲的经济政治文化交流。中国"新丝绸之路"和"21 世纪海上丝绸之路"有相同的作用，此外在贸易投资、文化和思想的流通中通过新建或者升级基础设施建设来支持共同的经济增长。

中国已经为这些关系打下了基础，加强了经济合作，和"一带一路"这条路线上的各个国家进行了贸易往来，还为创造各种多边机构起到了带头作用。值得一提的是，亚洲基础设施投资银行将会支撑这个计划。这个政策不可能一直一帆风顺，像任何一个多边倡议，这个倡议需要聪明的外交政策来维持多个国家的关系，同时需要非常谨慎的计划来有效地扩大规模。"一带一路"上的各个国家都面临着自身独特的挑战。

实现"一带一路"倡议并不会很容易，中国有确保其实现的各种资源。但是这一切要建立在中国以一种干净、绿色、透明的方式来使用这些资源，中国及其周边国家才能获得巨大的回报。）

第二类内容是认为"一带一路"倡议能够促进中菲两国发展，促进世界经济发展。如 2016 年 7 月 4 日 "Expert: New China-backed trade route to benefit PH"（专家称，中国支持的新的贸易路线对菲律宾有益）一文指出，中国提出的"新丝绸之路"能够促进菲律宾的经济，并能够缓解中菲在南海争端上的紧张关系；2016 年 1 月 19 日 "Asia to fuel global growth this year, say experts"（专家称，丝绸之路计划会为世界经济增长添助力）一文指出，"Raymond Yip, deputy executive director of the HKTDC, said the 2016 AFF would focus on topics ranging from the opportunities and challenges facing the Chinese mainland to the development prospects of the Association of Southeast Asian Nations (Asian) countries, as well as the abundant opportunities brought by the Belt and Road Initiative to Hong Kong and other countries and regions along the Belt and Road routes."(香港贸易发展局的执行副主任叶泽恩说,2016 年的亚洲经济论坛会的重点议题有中国面临的机遇和挑战、东南亚国家联盟的发展前景,以及"一带一路"倡议对香港地区以及"一带一路"沿路国家及地区所带来的巨大机遇。)文章"China's next big thing"(中国接下来的大事件)、"Next to lead Asian story: Citi exec"(花旗银行执行官:接下来领导亚洲的故事)、"Road way to solve PH, Sino feud"(丝绸之路解决中菲之争)等都在不同程度地表达一个观点——"一带一路"倡议的发布实施对亚洲尤其是对菲律宾所带来的益处。

　　第三类内容是认为"一带一路"倡议是中国扩张的表现,其目的更为长远。如 2015 年 10 月 21 日"Unaccountable China"(对中国的防范)一文指出,"But China's ambitions extend beyond the South China Sea: It aims to create a strongly Sino-centric Asia. Thus, the country recently established its first overseas military base — a naval hub in Djibouti, on the Horn of Africa — and it has repeatedly sent submarines into the Indian Ocean. Moreover, China is engaging in far-reaching economic projects—such as the 'One Belt, One Road' initiative, which entails the construction of infrastructure linking Asia to Europe—that will strengthen its presence in, and influence over, a number of countries, thereby recasting regional geopolitics in its image."(但是中国的扩张已经不仅局限于南海:它致力于建设一个以中国为中心的亚洲。因此它于最近建立了第一个位于吉布提的海军境外军事基地。此外中国的深远计划例如"一带一路"倡议,使亚欧的基础设施建设关联形成必然,使其加强在很多国家中的形象和影响,由此重塑其区域地缘政治形象。)2016 年 1 月 19 日"China worries Asian financial executives"(中国令亚洲金融高管感到担忧)一文指出:"The participants consider the possible hard-landing of the Chinese economy, the world's second largest, as the biggest global economic risk this year."(亚洲金融高管对 2016 年全球经济持悲观态度,认为中国有可能成为世界经济危机的第一大威胁,与会者考虑到世界第二大经济体中国可能会发生硬着陆,这会成为今年世界经济危机的最大危机。)

　　其他报道中也不乏担心之语。例如"一带一路"倡议实施过程中不能尽善尽美、难以兼顾大局以及"中国威胁论"的存在等观点。如"Unaccountable China"（对中国的防范）认为，中国推行这一倡议是在建立以中国为中心的亚洲；"Navigating China's new Silk Road"（中国新丝绸之路的航行）一文也对"一带一路"倡议的施行感到担心，认为腐败、环境等问题可能会导致倡议无法顺利施行。

（二）他塑中存在的问题及原因

他塑中存在的问题既有共性问题也有个性问题。下面主要对共性问题及其原因进行论述。

1. 共性问题

（1）操作层面

第一，有的新闻消息来源模糊不清。《纽约时报》一篇题为"Myanmar Is Issued Warning by Chinese Premier Over Bombing Deaths"（中国总理就边境伤亡事件对缅甸发出警告）的报道讲述了缅军机炸弹在中缅边境造成中方边民伤亡事件。报道中，记者在未经证实的情况下引用了缅甸一名官员的说法，否认此次伤亡是由缅军机炸弹造成的，但记者却无法说出该官员的姓名，仅用"A senior Myanmar official in the presidential office"指代，不得不让人怀疑该消息来源的真实性。报道中的新闻来源不够真实准确，究其原因，可能是记者或者编辑工作失误，也可能是记者或者编辑明明知道得到的消息漏洞百出，但由于事实调查起来存在一定难度，或是为了满足受众的猎奇心理，便放弃了调查取证，将未经核实的消息传播出去。此种失实多见于对新闻细节的描述上，严重者偶见于对整个新闻事件的歪曲描述。

第二，文字或细节失误。新闻来源本身是真实无误的，但是由于记者或者编辑自身的失误造成了报道的失实。出现这种失实大多是记者或者编辑的职业素养欠缺所致。如，2015 年 8 月 28 日，在一篇题为"China's Vulnerability Is a Test for U.S. Presidential Candidates"（中国的软弱是对美国总统候选人的考验）的报道中，记者误将"Xi Jinping"拼为"Jingping"，而编辑在审核时也并没有发现这个错误。再如，在 2015 年 8 月 27 日一篇题为"China's Big Spenders Pull Back, as Stock Market Shudders"（股市低迷，中国买家有所收敛）的报道中，记者在提到"减少向中国客户销售奢侈品"时，错误地将此观点与蔻驰（Coach）公司的主管联系在一起，并且将该主管的性别弄错。8 月 28 日，《纽约时报》对此错误进行了订正。

（2）选择性报道

选择性报道是指在选材、报道方面创作者"以我为主"的倾向。外媒的"以我为主"指的是根据媒体所在国阅听人的需要对其他国家进行报道。

比如，2000年之后BBC有关中国的纪录片在2008年和2016年两个时期拍摄数量达到了高峰，之所以这样，与2008年北京奥运会的召开与2015年10月19—23日中国国家主席习近平对英国进行了国事访问密切相关。2008年8月8日中国举办了第29届夏季奥运会，这一盛大的体育赛事不仅为中国吸引了全世界的目光，同时也促进了中国与他国的交流与合作。2008年，BBC陆续推出了三四部关于中国的纪录片，还与央视联合制作了自然人文纪录片《美丽中国》。2015年10月19—23日，中国国家主席习近平对英国进行了国事访问。这是中国国家主席十年来首次对英国进行国事访问，也是中国面向欧洲的一次重大的外交行动。2015年是中英两国全面战略伙伴关系第二个十年的开局之年，中英关系呈现持续的上升势头，正在面临全新的重要发展机遇。此次国事访问结束后，BBC于2016年开年就推出了一系列专题纪录片。其中包括关注中国最盛大的节日的《中国新年：全球最大的庆典》，关注美食的《上海之味》和关注传统文化的《中华的故事》。随后，还陆续推出了关注中国经济发展的《中国创造》、关注中国足球事业的《经济腾飞后的中国足球崛起之梦》，以及关于二胎政策的《中国计划生育大军》。仅2016年，BBC拍摄的涉华纪录片就达到7部之多。

再如，《纽约时报》的涉华报道中，涉及人权、环境污染、安全事故等事件时，往往选择一些较为消极的案例，在报道灾难事故时，往往过分强调人员伤亡，渲染现场伤员的悲伤情绪，而对中国政府所做的救援工作只字不提。

（3）刻板印象

学者李普曼在其著作《公众舆论》中提出"拟态环境"理论的同时，也提出了一个孪生的概念——"刻板印象"，人们在对周边环境的习惯与依赖中很容易对某个事物产生先入为主的笼统界定，这种对周边环境的依赖多来自大众媒介所创造出的拟态环境。

涉华纪录片作为一种大众传播范畴内的文化产品，如果在创作时刻意构建出一种包含创作者主观意图的拟态环境，就会在潜移默化中让纪录片的受众形成一种对中国的偏见。而"中国威胁论"就是BBC涉华纪录片中一种比较典型的刻板印象。

BBC 2011年的纪录片《中国人要来了》讲述了中国对非洲经济发展造成的

影响，其中有一段关于中国人对象牙制品的非法交易。纪录片中对象牙材质的印章、筷子等具有中国典型意向的特写都在指涉中国人是象牙制品的主要消费群体，报道认为中国人对象牙的需求引发了非洲对大象的猎杀，打破了原有的自然和生态平衡。然而每一位中国人都知道，中国政府近年来一直在严厉打击关于象牙制品等的非法交易，姚明、成龙等公众人物呼吁"没有买卖就没有杀害"，号召国民爱护野生动物的宣传和广告遍布各大媒体。真实的中国与纪录片同期声里的"主要买家来自远东"截然不同，中国人并不是冷酷无情的象牙制品热衷者。这些刻板印象根深蒂固地影响着西方媒体对中国的评价。对于从未来过中国的大多数国外民众来说，这种由媒体带来的刻板印象就是他们对中国的一种认知，他们不会产生怀疑，也就没有动机去求证。长此以往，在他们的跨文化想象中，中国就只能是一种由媒体的刻板印象所呈现出的以偏概全的形象。

（4）文化霸权

"文化霸权"最早是由意大利学者葛兰西提出的，更准确地可以称之为"文化领导力"，是"在市民社会同意的基础上，国家政权机关通过制订和传播统治阶级的意识形态，从而对市民社会进行'精神和道德的领导'，构筑起统治阶级对从属阶级的领导权"①。文化霸权并不是一种暴力行为，而是市民社会中处于统治地位的阶级，用知识文化、道德修养等优势代替暴力行为感召从属阶级，将自身的精神思想植根于从属阶级的内心深处。BBC 涉华纪录片的创作框架背后就暗含着西方世界"文化霸权"的自我优越性，这种优越性也导致了其看待中国的时候很难做到完全的客观与公正，会不自觉地戴上有色眼镜。"即使最完美的拍摄对象，你专门挑刺，把缺点、短处堆砌到一起，你也一定能制造丑相。"②鲍尔德温所说的这种情况就是一种先入为主的选择性扭曲。在报道一些敏感话题时，一些外国记者往往站在本国的立场上对事件做出评判，忽视了中国的具体国情。东西方之间这种根深蒂固的文化差异以及文化霸权、意识形态对立等主观上的偏见，都会让外国纪录片中所展现的中国与真实的中国存在巨大的差异。对于外国媒体来说，在荧屏中呈现出一个矛盾重重的中国社会，能让本国民众在对比中增加自我优越性与民族自豪感，同时也能够形成公共议题，有利于舆论的引导。当一个外国人来到中国，他们本国的文化观念和思想观念会带入中国的环

---

① 孙晶.葛兰西的文化霸权理论及其质疑[J]. 国外马克思主义,2001(01)：81.
② 阿雷恩·鲍尔德温.文化研究导论[M].陶东风,译.北京：高等教育出版社,2004.

境,这会使得他们无法跳出自己的观念去理性地看待中国,他们会对不理解的事物感到惊讶,却鲜有人真正了解事物背后深层次的原因和历史缘由。同时,中国深厚的文化底蕴和博大的知识体系也提高了外国人了解中国的门槛,他们要有足够的阅历和认知才能深刻理解中国,而这需要消耗大量的时间和耐心。

2. 原因分析

(1) 美英媒体对中国形象的"他塑"

就美英媒体对中国形象的"他塑"而言,课题组发现,国家意识形态及社会制度的差异、美英出于维护本国利益的考虑、中国未能及时发出自己的声音是出现问题的主要原因。其中在美国对中国的报道方面表现更突出。

首先是意识形态的差异。意识形态上的差异很容易造成国与国之间的不信任和互相猜疑,影响国家的对外政策和国际关系的发展。约瑟夫·奈指出,如果国与国之间享有同样的道德价值观念,且认为道德价值对其外交行动有所帮助,则国家之间非常容易建立互相信任的关系[1]。但是,美国一直奉行意识形态压倒一切的主张,遇到与自己意识形态相同的国家,如日本,在不影响本国利益的前提下,美国会刻意忽略该国的一些问题;遇到与自己意识形态不同的国家,如中国,美国有时会故意歪曲事实真相,进行无端指责和批评,为中国的发展营造不利的国际舆论环境。

中国历来重视社会和谐,强调民族团结、互相帮助,"以和为贵"的思想体现在我国的各种对内政策中。从外交政策来看,中国坚持独立自主的和平外交政策,坚持和平、发展、合作、共赢的外交方针,致力于维护世界和平、促进共同发展。中国政治价值观的核心是"求同存异",尊重各个国家对社会制度和发展道路的选择,致力于促进不同社会制度和发展道路的和谐发展。而美国政治价值观的核心是"同质共存"。作为当今世界唯一的超级大国,美国有着强烈的使命感和优越感,在国际社会中以"世界警察"的身份自居,推行美国的强权政治,试图将自己的文化价值观在全世界推行,常常以本国的意识形态来看待他国事务,这也造就了美国的霸权主义思想。

其次是社会制度的差异。作为有着五千年历史的古老大国,历经近代的种种磨难,中国最终选择了社会主义道路,确立了中国特色社会主义制度。而美国通过进行独立战争和南北战争,选择走资本主义道路,确立了资本主义制度。这

---

[1]　约瑟夫·S.奈.硬权力与软权力[M].门洪华,译.北京:北京大学出版社,2005:55.

是两国根据本国国情做出的选择。中国的根本政治制度是人民代表大会制度，该项制度保障人民行使国家权力、保证人民当家作主。人民代表大会制度体现了我国人民民主专政的国家性质，符合人民的根本利益。而美国实行的是三权分立制度，目的在于避免独裁者的产生，核心是三权制衡，立法权、行政权、司法权三权分立。这两种制度的机制截然不同。社会制度的差异不应成为阻碍两国交流的屏障，更不应成为美国歪曲中国形象的借口。

再次，美英等国出于维护自身国家利益的目的，在涉华报道中很难做到客观公正。作为当今世界唯一的超级大国，美国凭借雄厚的经济实力在国际上推行霸权主义和强权政治。与此同时，中国经济平稳发展，综合国力稳步上升，国际竞争力显著增强。面对一个不断发展的社会主义国家，美国感到中国威胁到了美国的国际地位与国家利益。从根本上来看，美国主流媒体的利益与美国的国家利益是一致的，这就决定了美国媒体在进行国际传播时的首要原则就是维护美国利益。实际上，无论媒体怎样标榜自己客观公正，都不可能将本国的国家利益抛之脑后，《纽约时报》也是如此。通过分析 2015 年《纽约时报》网站中有关中国的报道，我们不难发现，无论是政治类报道还是科技类报道，文章的出发点和落脚点都在分析该新闻事件会对美国产生哪些影响，目的在于维护美国的国家利益。其实，在报道不涉及美国利益的新闻事件时，《纽约时报》网站基本可以做到客观公正，但若该事件涉及美国的国家利益，《纽约时报》网站的报道必定会呈现出倾向性，站在美国官方的立场上对该事件大加评论，营造不利于中国的国际舆论环境。英国也是如此。

最后，中国未能及时发出自己的声音，也导致中国国家形象的他塑中存在较多问题。2015 年《纽约时报》网站中有不少关于中国突发安全事故的报道，例如，2 月 4 日台湾复兴航空客机坠河事件的报道、6 月 1 日东方之星旅游客船倾覆事件的报道、8 月 12 日天津滨海新区爆炸事故的报道及 12 月 20 日深圳山体滑坡事件的报道等。该网站对此类事故进行了持续报道，报道中运用了较多的现场图片或视频，但课题组很少看到报道中有事件当事人站出来说话，也很少有中国专家就相关事件发表见解。课题组认为，这一方面是由于美国习惯用自己的标准看问题，很少或基本不参考中国方面的意见，另一方面也与我国未能及时发出自己的声音有关。不及时发声的后果就是在我国还没来得及发出自己声音的时候美国媒体早已把相关事件定了基调。尤其当突发事件发生时，中国未能及时发声，极易让外国媒体抢占先机，使我国处于被动的地位。

（2）菲律宾媒体对中国形象的"他塑"

就菲律宾媒体对中国形象的"他塑"而言，菲律宾国内政治形态、经济形态、国外环境以及受众因素是造成他塑中存在问题的主要原因。

首先是菲律宾国内政治形态的影响。菲律宾在向现代国家转变的过程中，形成了三种政治形态，这三种政治形态是随着殖民、民族融合、国家统一而来的。一是传统的庇护制与西方殖民者带来的民主制相结合的政治庇护制；二是以南部部族为主的部族政治，这种政治文化充满着分裂态势；三是在20世纪开始的以民主政治为特征的民众政治。菲律宾的政治体制是非常特殊的，它既有西方的民主又有大家长式的传统，又在20世纪末开始向民主政治行进。

根据詹姆斯·斯科特的经典阐释，社会学家一般用三种模式解读不发达国家的政治合作与冲突形态：一是垂直式庇护联系方式，是以"恩主—侍从"互惠关系为基础逐次形成的"金字塔"式政治模式；二是以原初性的族群、语言、宗教及地域性关系为纽带形成的"块状"的群体及其之间的关系；三是水平方向的阶层组织方式，以相同经济地位的阶层组织反对上层的运动为主要模式①。这三种模式在菲律宾国内同时交替性地存在着，并对其国内政治形势的发展产生了重大影响。

政治形态的交替，使得菲律宾的政治文化难以捉摸，再加上严峻的社会问题，菲律宾的对内对外政策也在不断地改变。政治形态的变化不断地影响着受众对各类政治事件的认知，同时新闻媒体对国内外政策的报道倾向也在不断地改变着。因此如何能够在纷繁复杂的菲律宾政治文化中，更好地宣传"一带一路"倡议，要根据菲律宾特有的政治形势来规划和安排。

其次是菲律宾国内经济形势的影响。菲律宾经济近几年处于稳定的快速增长期，但由于市场经济低迷、金融市场动荡、新兴市场增速下滑和发展中经济体增速下滑等原因，经济发展势头在2016年有所放缓。菲律宾的经济发展中，经济结构不断向服务业倾斜，服务业占到了60%。由于菲律宾特有的地理位置，旅游、服务业是菲律宾最大的经济支柱，支撑着菲律宾经济的发展，且菲律宾是世界上最大的劳务输出国之一，约有1 000万菲律宾人在全球务工，一定程度上也使得菲律宾对国外政策的关注度较高。另一方面，政治的动荡以及与周边国家的关系导致菲律宾的制造业相当低迷，并在一定程度上拖累了工业的发展，农业也乏善可陈。同时期，作为新兴产业，网络市场则不断壮大，成为菲律宾经济

---

① 彭慧.试论当代菲律宾国内的三种政治形态[J].东南亚研究,2010(6)：11-16+36.

发展的新的增长点。

菲律宾的经济一直以来都是以服务业为主体的,同时个人消费是重要的经济支出。这种经济模式有别于以建筑业、制造业为主的发展中国家。经济模式的独特性也影响着菲律宾受众对国内外经济政策的特别关注点,因此媒体在对国内外政策的解读中也比较偏向于经济合作尤其是旅游服务方面。因此,"一带一路"倡议在菲律宾的传播扩散要考虑到菲律宾独特的经济环境,让菲律宾媒体能够在传播中抓住受众需要,将这一政策更全面地传达给受众。

再次是国外环境的影响。与中国和美国之间的关系是菲律宾对外政策永恒的话题,同时也是菲律宾外交政策的两个支点。无论是阿基诺三世执政时期,还是罗德里戈·杜特尔特执政时期,中国和美国都是菲律宾整体对外战略中重要的国家。三国之间的关系制约着媒体的报道,影响着菲律宾媒体对两国政治政策的态度,同时也影响着菲律宾受众对两国的态度。

2008 年全球金融危机后,中国在全球经济中的作用开始凸显,政治地位也明显提升,并被看作下一个超级大国。美国在建立"两国集团"(G2)或"中美国"(Chimerica)的愿望落空后,转而实行"重返亚太"或"转向亚洲"(pivot to Asia),并在 2013 年调整为"亚太再平衡"。客观地看,再平衡政策是盎格鲁-撒克逊的传统地区战略,迥异于冷战时期的对苏遏制战略。但从安全与经济角度看,中国显然是美国再平衡的主要对象[1]。菲律宾前总统阿基诺三世上台后对上一任总统阿罗约时期在中美两国之间搞大国平衡的政策进行了颠覆性调整,美国"重返"亚洲的舞台,这种调整使得中菲关系和中美关系的平衡被打破,中美两国在菲律宾的外交天平上的地位迅速逆转。尽管中菲之间依旧保持着还不错的经济贸易关系,但阿基诺三世依旧施行着亲美政策,尤其是依托着美国势力,菲律宾政府在南海问题上与中国不断起争端。美国不仅大力强化与菲律宾的军事合作,还试图利用菲律宾与中国的南海岛屿争端问题,多方制造国际舆论,渲染"中国威胁论"牵制中国。那一时期,菲律宾媒体报道中也时常出现"中国威胁论"等论调。

随着 2016 年新总统罗德里戈·杜特尔特的上任,菲律宾对中美两国的态度又有了急剧的转变。杜特尔特于 2016 年 6 月底就职以来,美菲关系急转直下,

---

① 薛力.21 世纪海上丝绸之路建设与南海新形势[M]//张洁.中国周边安全形势评估(2015).北京:社会科学文献出版社,2015.

迅速恶化。与此同时,中菲关系直线升温,数年来的紧张对峙局面为之一变。杜特尔特认为要与中国维持友好关系,并证实他对两国领土争议展开直接对话持开放态度。因此,自2016年菲律宾新总统杜特尔特上任以来,菲律宾媒体对中国内容的报道明显有所增加。菲律宾经济近年来不断发展,是东南亚国家中经济增长率排名靠前的国家,人口过亿,发展潜力巨大。美国固然对菲律宾仍有巨大影响力,但毕竟不能再像几十年前那样予取予夺和随意操控。近年来,随着中国的不断发展和进步,菲律宾的一些人士开始认识到,亚洲的前途在中国而不在美国。菲律宾必须挣脱美国的枷锁,如果继续受美国掌控充当美国的马前卒,成为美国在亚洲牵制中国的工具,最终的牺牲品只能是菲律宾人民。

菲律宾对中美的不同态度,其实恰好表明了菲律宾所处国际环境的变化。这些变化是由于全球化的发展以及中国的崛起而产生的,因而菲律宾的新闻媒体在新闻报道中会在政府更替的情形下"左右摇摆",根据不同的领导政策做出不一样的选择。当菲律宾的本土媒体在本国传播国外的政策时,其反应一定程度上也表明了菲律宾政府的态度。在经历了南海争端等一系列中菲摩擦后,中菲关系在菲律宾新总统上台后虽逐渐升温,但要影响到受众层面,还需要更多的努力。

最后是受众影响。菲律宾是个多民族国家,吸收了许多外来的文化和宗教,欧美国家对菲律宾的几次殖民经历,阿拉伯人和中国人的迁徙,使菲律宾成为多民族多文化多宗教的国家。菲律宾早期的文化深受外来移民的影响,包括印度和阿拉伯地区的文化、中国的文化、西方的商业文化和宗教文化等。这些因素的形成和发展影响着受众的选择,而受众的这些特性制约着新闻媒体对"一带一路"报道的角度。

菲律宾是一个有着90多个民族的国家,民族的多样化潜移默化地将菲律宾的人口划分成不同群体,群体的不同造成对同一事物的不同看法,从而影响到信息的传播。

除去华人华侨受众,英文受众是菲律宾受众最重要的组成部分,但英文受众涵盖不同民族,而每一民族的意识形态和价值观都有所不同,新闻媒体针对不同民族的受众群体,对同一件事的报道也会有所不同。

从宗教文化发展的源头来看,菲律宾的政治一开始就受到了各种外来宗教文化的影响,菲律宾在还未形成统一的国家之前,由于自身的客观条件限制,并没有原封不动地吸收外来文化,而是有机地选择了一些与本国文化相似的核心内容加以融合,这些融合的内容成为现在菲律宾宗教文化的源头。《跨文化传播》一书中提到,宗教的社会功能并不比心理学的作用逊色;有着悠久传统的宗教可以强化社会道德,规范个人行为,并为社会稳定提供共同目的和价值观的根基①。宗教文化跟随着不同民族的信仰而来,因此菲律宾媒体在报道新闻时还必须要考虑到宗教信仰。

经历了几次殖民和外敌入侵的菲律宾形成了独立的国家,虽然借鉴了西方的制度,却没能吸收西方的政治文化。有着先进的体制却没有完善的政治文化是菲律宾近代发展的硬伤,也使得菲律宾政党腐败问题横出,政府效率较低,国家的发展在一定程度上受到限制。

作为一个多民族国家,如何处理好各民族之间的关系尤为重要,再加上各民族政治文化和宗教信仰的不同,能够将政治消息准确无误地传达更是一件艰难的事情。新闻媒体不能面面俱到地兼顾每一个民族的发展,因而会出现侧重或者针对某个民族受众的报道。如菲律宾《商报》便会针对自身的受众——华人群体来转载或做出报道,《菲律宾询问日报》便会针对英文受众做报道。由于受众的不同,新闻报道的角度也会有所偏差,从两份报纸的报道不难看出,菲律宾《商报》以华人利益为主,会尽可能详尽地将与中国有关的政策积极地传达给受众,而《菲律宾询问日报》则在报道中持中立的态度,不会大量发表相关文章。此外,由于站在不同的立场上,同一个消息或政策也会得出不同的结论。因此,面对菲律宾众多的民族,针对不同民族、不同宗教和文化背景的受众,"一带一路"倡议如何能较全面地展现出来,是一个值得探讨的问题。

(三)应对策略

当今社会,国际竞争日益激烈,新闻媒体,特别是网络媒体,在传播资讯、引导舆论、宣传国家形象、增强国际影响力方面发挥着重要的作用。在如今的信息时代,只有借助现代化传播媒介或其他宣传手段,从党和国家的根本利益和长远利益出发,客观、真实地介绍中国的对外政策、经济文化建设成就,争取世界人民的了解、信任和支持,改变他们对中国的思维定式,才能在海外树立起良好的国际形象,为发展我国同世界各国在经济、文化、科技方面双向的交流与合作牵线

---

① [美]拉里.A.萨默瓦,理查德.E.波特.跨文化传播[M].闵惠泉,等,译.4 版.北京:中国人民大学出版社,2004.

搭桥,为我国现代化建设创造有利的国际舆论环境。

为了树立起良好的国家形象,我们应该理性看待外媒呈现的内容,并认真反思、积极应对。

1. 正确对待外国媒体的倾向性报道

(1) 树立自信的外宣理念

开展外宣工作首先要解决的问题就是"敢不敢"宣传、"要不要"宣传的问题。

我国在相当长的一段历史时期内,都处在"闭关锁国"的状态,以"世界中央"自居,切断了与外界的联系。近代以来,我国又长期处于半殖民地半封建社会,外宣工作更是毫无主动性。中华人民共和国成立之后,我国又面临着西方国家的长期封锁,在极其艰难的环境之下,外宣工作遇到了极大的挑战。改革开放以来,我国打开了国门,走向了世界,我国的对外宣传工作才有了新的局面,近几年也有一些主动出击。在新的历史时期,在网络媒体成为第一媒体的大环境下,首先要树立自信的外宣理念,做到敢于发声、主动发声。通过自信的对外宣传,及时发出自己的声音,巧妙地引导国际舆论,使中国声音成为国际舆论场的主流。

不可否认,某些西方群体对中国存在较深的偏见和误解,我国的外宣工作面临种种挑战,需要外宣工作者正视困难、积极迎战,并切实提高自身的能力水平。特别是对于西方媒体对中国无端的批评和诬蔑,我们应该给予坚决的反击,并做好打"持久战"的准备。

(2) 理性对待负面报道

中国人民大学新闻传播学院教授喻国明指出,要让美国主流媒体接受中国报道的事实和传达的观点不是一件容易的事。放眼世界,任何一个快速发展的国家都会成为他国媒体批判的对象,而美国的主流媒体报道一向风格严苛,习惯用带有讽刺和批判意味的眼光看待他国新闻。此外,由于社会制度的不同与价值观念的差异,美国的主流媒体在报道中国时更容易戴有色眼镜,这就导致其在报道中国时比较片面,有时甚至会歪曲事实真相。因此,我们应该用平常心看待美国主流媒体的负面报道,同时积极发出自己的声音,有理、有利、有节地澄清其中的夸大之处和不实信息。

(3) 冷静审视自身不足

通过冷静的思考可以发现,我国在对外宣传方面或多或少存在一些问题。目前,我国媒体的发展不是很完善,对外宣传工作并不是十分到位,尤其是当突发事件发生时,一些媒体习惯采取避而不扬的做法,没有做到在第一时间将事件的进展情况向公众传达,而国外的媒体由于无法得到我国的官方消息,便倾向于利用各种小道消息甚至是自己的主观臆断来进行报道。所以说,如果我国媒体在一些重大事件中失声,就等于主动放弃了话语权,就等于给国外媒体提供了不实报道的机会。这不仅损害了新闻报道的客观性、真实性和准确性,还会误导读者,使我国的国家形象受损,使我国在国际舆论中处于劣势。

2.畅通信息渠道,更新传播理念

外媒所构建出的中国形象与真实的中国不对等。这就要求我们畅通信息渠道,更新传播理念,消除中外交流过程中的隔阂,重视并发挥网络媒体在构建国家形象中的作用。

(1)畅通对外传播渠道

在发达国家,大众媒介为了增强市场竞争力,会不断加强对新闻传播时效性的追求。在时效性的压迫下,媒体从业者甚至会急于发布一些未经证实或缺乏依据的消息。如果我们对外传播消息的渠道不够畅通,这些缺乏依据的消息就会增多。在这些消息中,一些失实的信息和带有偏见的观点会对我们的国家形象产生负面影响。与其被动地受到曲解,不如主动采取积极行动,畅通信息渠道,及时发布正确信息。在重大事件发生时,我们更要抓住机会,主动发布客观全面的消息,还原事件的真相,让不实消息在传播过程中不攻自破。我国的影像类媒介同样责无旁贷,要主动采取行动,正确地引导舆论,抢先进行对外信息的传播,到事件发生的现场去,将真实的情况立体地呈现给受众。在这个过程中,我们也要强调时效性并不断改进传播的方式方法,提升传播效果和信息反馈的效率。

当今,网络媒体对国家形象的塑造作用日渐突出。随着科学技术的不断发展,新兴媒介应运而生,网络媒体成为人们获取资讯的首要平台。人们在获取网络媒体传播的信息之后,将这些信息和思想情感取向作为构建外部客观环境的基础和参考[①]。因此,我们的外宣工作要重视网络媒体对国家形象的塑造。

信息渠道的畅通不仅依靠专业的媒介来完成,而且每一个中国人都是信息传递的载体。外媒所构建的"中国形象"之所以与真实的中国不对等,往往是因为采访对象提供的信息不准确、不完整,导致了创作者对中国的误读。在当前国际交流日益频繁的大环境下,中国要和世界各国进行全面广泛的交流,这种交流

---

① 韩玉花.西方媒体涉华报道中的议程设置[N].重庆交通大学学报社科版,2007(2):198.

不只是外交和媒介层面,更是每一个中国人的责任和义务。对于国家而言,应加强对民众文化自信的教育和引导。对于个人而言,应不断提升自身交流沟通的能力和文化素养水平。当外国人走进中国,每一个中国人都可以是一个讲解员,向他们生动地介绍中国的文化发展和科技成就,让他们重新认识中国。

（2）更新对外传播理念

当今社会更加开放的舆论环境要求中国媒体更新对外传播理念。我们要在外宣过程中引入先进的信息传播理念,塑造一个积极的中国形象。例如,将传播方式从单一变为多元,拓展对外交流的渠道,在渠道顺畅的同时增加渠道的数量;遵循传播规律,以更易于让外国人理解的方式进行宣传,使中国文化与世界文化在顺畅多元的渠道中尽情碰撞融合,同时将这种融合理念拓展到其他领域,在日后的国际交流和合作中更容易形成共识,提高发展效率;同时还要拓展信息传播渠道的类型,不单是传统媒体的传播,网络、公关等新形式的传播方式都要应用于国家形象的构建之中,使外宣工作更加有效和有价值;还要充分利用渠道和素材,将信息传播由被动变为主动。与此同时,要加快理论研究的步伐,尤其是对网络等新兴媒体资源的研究,抢占理论研究制高点,从理论层面推进国家形象信息的传播效率。

要了解不同国家的文化背景和不同群体的接受习惯,将信息加工软化,取得实实在在的传播效果。在创作与传播的过程中,我们应该树立"以人为本"的理念:既要系统地介绍政治、经济情况,也要巧妙地加入中国民间的风土人情介绍;既要介绍物质文明发展中取得的成就,也要反映中国人的思想观念和精神面貌。不同的国家虽然有不同的文化背景,但小人物的小生活这类题材往往很容易引起广泛的认同和共鸣,而且这类题材也易于被重视个人价值的西方受众接受。媒体从业者不应该拘泥于固定的思维模式,而应积极思考、不断创新,创作出更丰富的内容;避免说教的传播方式,而是将观点润物细无声地融入情节之中。

3. 把握重大契机,加强交流合作

面对外媒对中国形象存在的刻板印象,我们应该把握重大契机,加强交流合作,引导他者视域中中国形象的建构。

（1）把握重大外事、赛事活动契机

在国际社会错综复杂、日趋融合的大环境下,政府是树立国家正面形象的有力推手。媒体可以充分利用国家首脑的外事访问、国家重大会议的召开等受到社会广泛关注的公共议题,在各项公共外交活动中展示我国正面的国家形象与积极的发展理念,这是展示和传播国家形象的有效途径。

同时,全球瞩目的重大赛事活动也是展示和传播我国国家形象的良好契机。重大赛事活动可以使赛事主办方在媒体报道中获得大面积的曝光,得到社会公众较为积极的评价,还能带动相关产业,获得良好的声誉。奥运会、世界杯等都属于重大赛事活动。重大赛事活动往往会在引发关注的同时吸引国内外媒体的跟进报道。在报道赛事的过程中,国家的物质文明与精神文明建设成果,如城市发展的现状、人民生活水平的提高、生态环境的改善等都会被媒体捕捉并展现出来。令人振奋的赛事活动和国家发展的种种方面的联合报道,能够直接有效地改善和提升国家形象,取得一加一大于二的传播效果。

(2)加强交流合作,跨国联手,取得双赢

除了派专业人士造访外国学习先进经验之外,联手合作也是促进文化交流与传播的有益方式。在不同文化交流碰撞的过程中,文化差异会使人们产生不同的看法和观点。拥有不同文化背景的创作者联手,可以在一定程度上消除文化差异,对拥有不同文化背景的受众来说,也能取得更好的传播效果。

例如,2009年BBC与CCTV联手打造了纪录片《美丽中国》,展现了中国的野生动植物和自然人文景观,播出后获得了海内外一致的好评,并在第30届"艾美奖新闻与纪录片大奖"上斩获摄影、剪辑、音乐类等多项大奖。《美丽中国》是中国媒体与英国媒体第一次在纪录片领域的联手合作,也是一次非常成功的尝试。BBC纪录片团队成熟的制作经验和中国纪录片团队对本土情况的了解,确保了该纪录片的内容真实性和艺术价值。在拍摄制作纪录片的过程中,国内的制作团队能够汲取国外团队的先进经验,快速成长壮大,中国的媒体产业也能借势取得更好的发展。利用两国团队联手碰撞出的火花,中国的良好形象也在国际社会中得到广泛的传播。

4.积极制作中国题材的优秀节目

以目前的情况来看,相当一部分以中国为素材的纪录片是由外国团队拍摄创作的,外国团队对素材的挖掘很难把握要点,也很难理解中国文化的精髓,容易形成以偏概全的主观认识。因此要在世界范围内建构中国的国家形象,只有充分调动本国的创作团队和资源,充分挖掘我国在历史、地理、社会、文化、科技方面的精华和成就,创作出不愧对我们这个伟大时代的优秀作品,将真实客观的中国呈现给世界,塑造我们国家的形象,树立文化自信,让世界人民更加了解中国,对中国文化产生浓厚的兴趣。

随着中国在世界范围内的影响力不断提高,以中国为题材的影像作品越来越受到世界的关注。值得注意的是,尽管每年我国都有大量的影像作品产出,但仍不能满足世界范围内的需求。究其原因,与文化差异有关。一方面是因为中国人创作的影像作品比较符合本国人的审美和口味,但对于外国人来讲,无论是表现手法还是思想观念,都很难形成共鸣和认同感;另一方面,在选材内容和角度上,中国人与外国人的关注点和兴趣点有所不同,中国更加关注社会人文的发展,重在科普知识、引导思想,这与国外崇尚自然、生态、环保的观念有所不同。

为了使本国更多优秀作品走向世界,我们应该做出更多的努力和思考。首先,深入学习其他国家的习俗观念,让中国题材的作品更易于被接受理解,切实地将中国文化播撒出去;其次,在题材的选取上更加多元化,充分利用本土资源,转换视角,创作出涵盖自然地理、人文风光等题材的优秀作品,让世界在欣赏中国壮美风光的同时了解中国的内涵和发展历程,让世界看到一个立体丰富、多层次的中国。

事实上,中国本土纪录片在走向世界的过程中,也不断取得新的成就。《舌尖上的中国》就是其中之一。2014 年 6 月《舌尖上的中国》在央视首播,已播出三季。这部纪录片记录了中国人与美食之间千丝万缕的联系,用一个个生动的故事表达了几千年来中国人对美食的追求、对生活的向往。此片取材于中国本土,也是本土的创作团队,依赖于中国人自己的嗅觉和敏感性,描述出众多生动的细节,一经播出,就引起了国内外广泛的关注和认可。在戛纳电影节上,《舌尖上的中国》的问询量在参展的中国纪录片中排名第二,多国均表示出了购买意向。相对于传统的中国纪录片,《舌尖上的中国》在选材选景、表达方式等方面都有了长足的进步。这部纪录片的成功鼓舞了本土创作者的信心,相信未来会涌现出更多的优秀作品,不断扩大中国纪录片在世界上的影响力,让中国文化同西方文化不断碰撞,使中国文化得到更多外国受众的青睐和认可,进一步推动我国良好国家形象的建立。

二、新华社推特账号"China Xinhua News"2017 年有关"一带一路"的报道

走出去,到推特(Twitter)、脸书(Facebook)等国际新媒体平台上发出中国的声音,也是当前外宣工作的重要组成部分。中国媒体在这一方面的工作成效

如何？外宣工作中有哪些经验教训可资借鉴？课题组选择了新华社的推特账号进行了研究。

之所以选择推特是因为推特是一个拥有 5 亿多用户，月均有 3.28 亿活跃用户的世界性社交网络平台。根据推特于 2017 年 10 月 26 日发布的第三季度财报，该季度推特月活跃用户为 3.3 亿人[①]。许多学者认为推特自 2010 年以来在全球众多的政治活动中扮演了重要角色。

之所以选择新华社的推特账号，一方面是因为新华社是中国最权威、最有代表性的媒体；另一方面，新华社的推特账号是所有中国媒体推特账号中拥有粉丝量最多、发推文数量最多的账号。表 4 - 4 对中国媒体的推特账号进行了统计。

表 4 - 4　中国媒体的推特账号基本情况统计(截至 2018 年 1 月 1 日)

推 特 账 号	推文数量(条)	关注者(人)	创 建 时 间
People's Daily, China(人民日报)	5.72 万	437 万	2011 年 5 月
China Xinhua News(新华社)	10.4 万	1 160 万	2012 年 2 月
China Daily USA[中国日报(美国)]	5.74 万	156 万	2009 年 11 月
China.org.cn(中国国内新闻在线)	2.93 万	51.5 万	2010 年 5 月
Global Times(环球时报)	7.21 万	45.6 万	2009 年 6 月
Daily Economic(每日经济通讯社)	112	1 381	2012 年 12 月
China News Agency(中国新闻社)	9	18	2016 年 6 月
CCTV-America(CCTV 美国)	0	9	2017 年 9 月

2017 年 China Xinhua News 中有关"一带一路"的报道共计 410 篇(见图 4 - 10)，其中 1 月有 8 篇，2 月有 5 篇，3 月有 19 篇，4 月有 57 篇，5 月有 201 篇，6 月有 23 篇，7 月有 15 篇，8 月有 9 篇，9 月有 22 篇，10 月有 20 篇，11 月有 18 篇，12 月有 13 篇。基本上平均每天都有报道，平均每月有 34 篇报道。5 月份的报道数量占到 2017 年中的最大比例，此后数量开始剧烈下降，总体来看"中间高，两头低"。2017 年是"一带一路"倡议的深化之年，关于"一带一路"建设的相关活动比较丰富，其中最重要的是 2017 年 5 月召开的"'一带一路'国际合作高峰论坛"。

---

　　①　Twitter 财报：2017 年 Q3 Twitter 月活跃用户数 3.3 亿[EB/OL]. http：//www.199it.com/archives/647092.html，2017 - 10 - 26.

（篇）

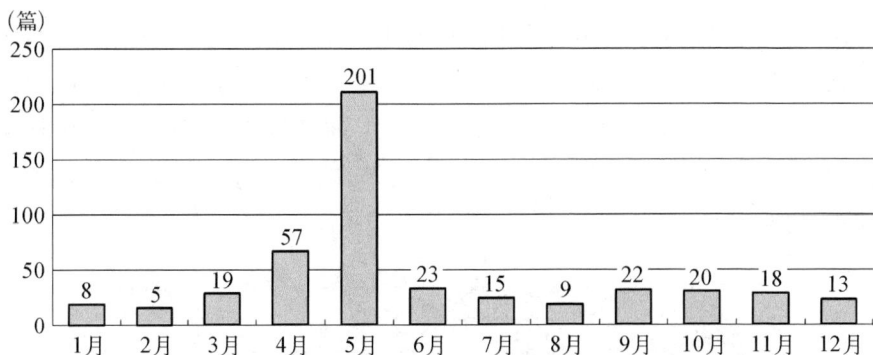

图 4－10　2017 新华社推特账号上关于"一带一路"的报道

（一）报道内容框架分析

课题组选择王石番的类目分析方法①,选取"主题""主角""来源""方向""传播形式""强度"六大类目对 China Xinhua News 2017 年有关"一带一路"的报道进行框架分析。

1. 主题类目

主题类目是研究传播内容主题的类别,包括报道领域和报道议题两部分。报道领域是指新闻报道在社会学范围的界定,主要分为政治领域、经济领域、文化领域、社会领域、其他领域五部分。政治领域的报道主要包括"一带一路"参与国领导人和官员活动,"一带一路"参与国政要的讲话,官方机构的声明等。经济领域的报道包括"一带一路"中的经济活动,"一带一路"参与国之间的国际贸易,"一带一路"的经济成果以及有关经济学家、企业家的报道。文化领域的报道主要包括"一带一路"中的文化交流、媒体交流、环境保护、艺术交流、体育交流、医疗交流、科技交流等报道。社会领域的报道主要包括"一带一路"参与国之间的民间交往。报道议题是指新闻报道涵盖的主题,包括一般报道、计划报道、政策报道、成就报道四类。一般报道是指政府层面的会议活动和日常的常规事项等。计划报道是指政府官员提出的计划性方案。政策报道是指政府官员、专家学者、知名政要、企业家等人士对"一带一路"倡议的解读报道或观点报道等。成就报道是指对 2017 年"一带一路"建设中重要成绩的报道和世界各国各界人士对"一带一路"的积极评价的报道。

---

① 王石番.传播内容分析法——理论与实证[M].台北:幼狮文化事业公司,1991:208.

（1）报道领域框架分析

410 篇报道中共有 148 篇政治报道，占比 36%；共有 185 篇经济报道，占比 45%；共有 59 篇文化报道，占比 15%；共有 13 篇社会报道，仅占比 3%（见图 4-11）。说明 China Xinhua News 的"一带一路"报道中，社会报道的数量较少，文化报道的数量略少，经济报道的数量最多，政治报道的数量略多，与经济报道的数量相差无几。

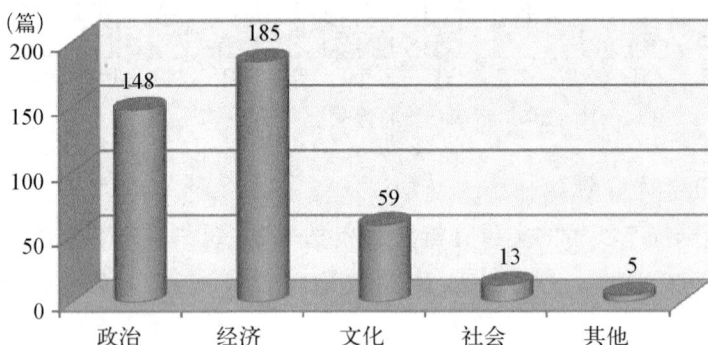

图 4-11　2017 年"一带一路"各报道领域数量

China Xinhua News 是新华社在推特上的媒体平台，新华社是国务院直属事业单位，也是中国重要的宣传舆论机构，具有很强的政治性。因此，China Xinhua News"一带一路"报道中的政治报道占比重较大。这类报道包括两方面。一方面是对"一带一路"参与国外交活动的报道，如"Chinese Premier LiKeqiang's upcoming visit to boost China-Australia ties BeltandRoad"（中国总理李克强即将访问澳大利亚来促进中澳关系），"Italian President Sergio Mattarella's visit to reinforce long term ties with China：think-tank head"（智库专家：意大利总统塞尔焦·马塔雷拉为了加强两国的长期合作关系出访中国）。另一方面是中国官方对"一带一路"的阐释，如 "Xi：China won't base co-op on ideological ground，nor will it pursue any political agenda or make any exclusive arrangements ♯BeltandRoad"（习近平：中国不会以意识形态为基础，也不会追求任何政治议程或排他性的安排），"Xi：We hope ♯BeltandRoad will unleash new driving forces for growth，build new development platforms and rebalance economic globalization"（习近平：我们希望"一带一路"倡议可以释放新的增长动力，搭建新的发展平台，实现经济全球化的平衡）。这些报道体现了 China Xinhua News"一带一路"报道高度的政治敏锐性。

经济报道是"一带一路"报道中数量最多的,共有 185 篇,占报道总量的 45%。首先,这是由"一带一路"本身所具有的经济属性决定的,而且我国领导人多次强调"一带一路"是经济政策,新华社在报道中必然会重视这一点。其次,报道中也要考虑受众的需求,"一带一路"相关经济报道更容易吸引参与国的关注。2017 年 China Xinhua News 在"一带一路"经济领域的报道涉及诸多方面。

一是"一带一路"中经济成果的报道,如 "China's trade with countries participating in BeltandRoad Initiative reaches 2.9 trillion USD 2014-2016" (2014—2016 年间中国与"一带一路"倡议参与国之间的贸易达到 2.9 万亿美元),"AIIB has provided $1.7 bln of loans to 9 projects in BeltandRoad participating countries; Silk Road Fund has made $4 bln of investment"(亚投行已经为"一带一路"参与国 9 个项目提供了 17 亿美元的贷款,丝路基金也有 40 亿美元的投资)。

二是"一带一路"中经济合作的报道,如"Russia to keep developing win-win cooperation with China in Far East BeltandRoad"(俄罗斯与中国在远东持续进行双赢合作),"New Zealand inks BeltandRoad cooperation deal with China, first among Western developed countries"(新西兰和中国就"一带一路"签订合作协议,这也是第一个西方发达国家加入)。

三是"一带一路"中经济建设的报道,如 "Click to see how hydropower plant run by China's State Grid Corp brings light, jobs to Georgia BeltandRoad"(看中国国家电网如何通过水电厂把灯光和就业带给格鲁吉亚),"Chinese management gives Hungarian chemicals factory rebirth BeltandRoad" (中国的管理让匈牙利的化工厂实现了重生),"BeltandRoad　Spectacular views of hydropower station that a Chinese company is building for local partners in Vitebsk city, Belarus"(白俄罗斯维捷布斯克市一家中国公司正在为当地合作伙伴建造的一座水电站的壮观景色)。

这些报道集中展示了"一带一路"倡议的经济属性。

"一带一路"倡议是对中国古代"丝路"文明的传承和发展,具有深深的文化印记,在"一带一路"的推进中促进各国之间的文化交流,也是建设"一带一路"需要着重把握的部分。China Xinhua News"一带一路"报道中文化领域的报道主要包括三个方面。

一是中国传统文化的展示,如 "Visiting Dazu Rock Carvings, World

Heritage Site along BeltandRoad"(来领略"一带一路"上的世界遗产——大足石刻），"Inside Mogao Grottoes, world's most remarkable collection of Buddhist art along BeltandRoad"(来看莫高窟里面，这里有世界上最非凡的佛教艺术）。

二是"一带一路"中科技、文化的交流，如"BeltandRoad paves way for scientific, cultural exchanges among Asian youths"（"一带一路"倡议为亚洲的青少年进行科学文化交流铺平了道路），"More BeiDou satellites to be launched in 2017, to provide navigation services for BeltandRoad countries"（2017年将会发射更多的北斗卫星，将会为"一带一路"国家提供导航）。

三是"一带一路"中的环境保护，如"Ganquan Island along ancient maritime silk road in South China Sea developed into heaven for sea turtles BeltandRoad."（在中国南海，古代海上丝绸之路沿线的甘泉岛发展成为海龟的天堂）。

社会领域的报道是 China Xinhua News 的报道中数量最少的，仅有13篇，占报道总量的3%，这与 China Xinhua News 浓厚的政治属性是分不开的。这类报道主要展示了"一带一路"倡议提升参与国人民的生活水平，如"BeltandRoad Initiative to bring win-win results, lift millions of people out of poverty, closely connect the world"（"一带一路"倡议会带来双赢的结果，会让数百万人脱离贫困，会让这个世界紧密相连），"UNICEF chief says BeltandRoad Initiative helps build children's futures"（联合国儿童基金会主席说，"一带一路"可以帮孩子们建立更好的未来）。

（2）报道议题框架分析

在 China Xinhua News 的410篇"一带一路"报道中，共有168篇成就性报道，占报道总量的41%；共有149篇一般报道，占报道总量的36%；共有74篇政策报道，占报道总量的18%；共有19篇计划报道，占报道总量的5%。如图4-12所示。

自2013年习近平主席提出"一带一路"倡议，到2017年"一带一路"不断深化，5年多，"一带一路"不断向前发展，取得诸多成就，这也是 China Xinhua News 着重关注的部分。如"Progress of ♯BeltandRoad better than expected: China has invested over 50 bln USD in involved countries"

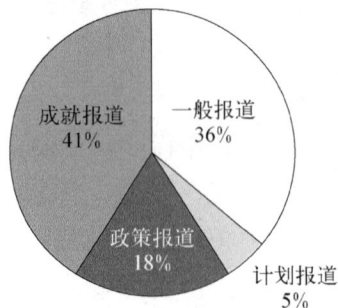

图4-12 报道议题分布

("一带一路"取得的成绩比预期的要好：中国已经在相关国家投资超过 500 亿美元)，"XiJinping：Chinese companies set up 56 economic cooperation zones in more than 20 ♯BeltandRoad countries，generating 180,000 jobs for them"（习近平：中国企业在 20 多个"一带一路"参与国里设立了 56 个经济合作区，为当地人提供了 18 万个就业岗位），"Former UN chief Ban Ki-moon says China plays active，leading role in global governance，hails ♯BeltandRoad initiative idea of building a community of shared future for mankind"（联合国前主席潘基文表示，中国在全球治理中发挥主导作用，积极倡导"一带一路"倡议和建设人类共同未来社区的构想），"UNAIDS chief says the ♯BeltandRoad Initiative is about a new partnership which helps to improve people's life quality"（联合国艾滋病规划署主席强调"一带一路"倡议是一种新的伙伴友谊，可以帮助提升人民的生活水平）。以上这些报道从多个角度展示了"一带一路"所取得的巨大成就。

一般报道的数量仅次于成就报道，其原因主要在于随着"一带一路"倡议在世界范围内引起关注，与"一带一路"相关的政府会议、领导人活动逐渐增多。而且，2017 年第一届"'一带一路'国际合作高峰论坛"顺利召开，一定程度上也促成了一般报道数量的增长。如"China confirms 29 heads of state，government leaders to attend ♯BeltandRoad forum"（中国确认了 29 位国家元首和政府首脑将会参加"一带一路"国际合作高峰论坛），"Kenyan president says ♯BeltandRoad forum to revitalize Africa-China ties"（肯尼亚总统说"一带一路"国际合作高峰论坛会加强中非之间的联系），"Chinese President ♯XiJinping praises Malaysia for ♯BeltandRoad cooperation when meeting Malaysian PM Najib Razak"（中国国家主席习近平会见马来西亚总理纳吉布·拉扎克时，肯定了马来西亚在"一带一路"合作中作出的贡献），President ♯XiJinping expects more ♯BeltandRoad cooperation with Spain when meeting with Spanish PM Mariano Rajoy（中国国家主席习近平会见西班牙总理马里亚诺·拉霍伊，期望在"一带一路"倡议下双方可以实现更多的合作）。

政策报道作为对"一带一路"倡议的解读，占报道总量的 18%，数量相当多。China Xinhua News 作为对外传播的平台，需要向世界阐释"一带一路"，因此，有大量的报道是对"一带一路"的阐释，如"Live：Face-to-face interview with Prof. Zhou Hanmin on 2017 growth target，♯BeltandRoad initiative more ♯TalkingChi"（直播：就 2017 年增长目标及"一带一路"倡议面访周汉民教授），"Xi：♯BeltandRoad

Initiative not meant to reinvent the wheel，but to align countries' development strategies by leveraging their strengths"（习近平:"一带一路"倡议不是做重复工作，而是要利用各自的优势协调各国的发展倡议），"Shared interests, shared responsibility and shared Future-Goals of ♯BeltandRoad Initiative"（"一带一路"倡议的目标是共同的利益、共同的责任、共同的未来）。

　　计划报道的数量是所有议题中占比最少的，仅有 19 篇，原因在于"一带一路"发展已经进行了相当长的一段时间，大部分计划正处于实施阶段。因此，这部分报道主要是一些专家、官员提出的建议和少部分计划，如"China boosts capital of Silk Road Fund to meet enormous funding demand, says central bank official ♯BeltandRoad"（中国央行官员说，中国会提高丝路基金的资本以满足巨大的资金需求），"♯Xi：China to give ＄290 mln in emergency food aid to ♯ BeltandRoad developing nations, add ＄1 bln to South-South Cooperation Assistance Fund"（习近平：中国将提供 2.9 亿美元的紧急粮食援助给"一带一路"体系中的发展国家，并会向南南合作援助基金增加 10 亿美元），"Xi urges south China's Guangxi to make full use of advantages, play bigger role in ♯ BeltandRoad during visit"（在视察广西期间，习近平指示中国南部的广西要充分发挥自己的优势，在"一带一路"中发挥更大的作用）。

　　2. 主角类目

　　主角类目是指新闻报道了谁，包括报道区域、报道主体两部分。报道区域是报道中新闻事件涉及的地域，包括城市报道、省区报道、国家报道、国际报道四部分。城市报道是指对"一带一路"中相关城市的报道。省区报道是对一省范围内的"一带一路"新闻的报道。国家报道是国家层面、宏观角度的新闻报道。国际报道是指国际关系中关于"一带一路"的新闻报道。报道主体是指报道中出现的个体，包括政府、社会团体、企业、专家学者、个人等。政府主要是指"一带一路"参与国的政府组织或者政府高层参与的互访、会议、活动、论坛等。企业是指"一带一路"中相关的跨国企业、国企、私企等。专家学者是指有专业技能和学识水平出众的人。社会团体是指"一带一路"中相关的慈善组织、智库、民间协会、基金会等。个人是指"一带一路"建设中涉及的新闻人物、事件和个人观点等。

　　（1）报道区域框架分析

　　China Xinhua News 是新华社的推特账号，本应关注和报道世界各地与"一带一路"相关的新闻，但基于新闻价值选择，对"一带一路"的报道选择存在明显的区域差异。从图4-13中可以看出,在410篇"一带一路"报道中,共有43篇城市报道,占报道总量的10%;共有15篇省区报道,占报道总量的4%;共有104篇国家报道,占报道总量的25%;共有248篇国际报道,占报道总量60%。

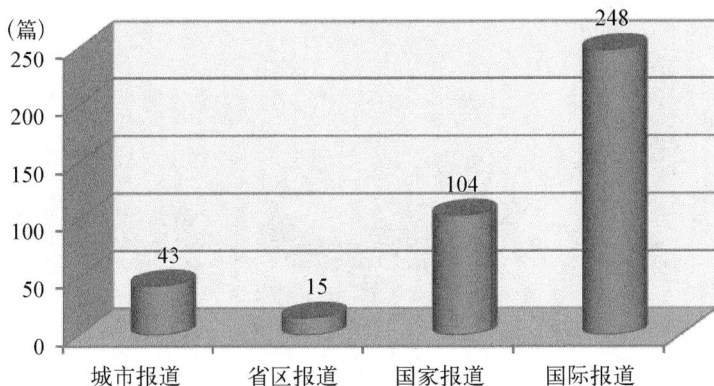

图4-13 2017年"一带一路"各报道区域的数量

China Xinhua News"一带一路"的报道地域分布中,国家报道和国际报道占绝对数量优势,其中国际报道占比最高,占总量的一半以上,国家报道的比例为1/4;省区和城市的报道数量最少,两者加起来占国家报道的1/2。结合"一带一路"倡议提出的背景,它是对全国经济发展的整体规划,同时"一带一路"将中国经济与世界经济紧密联系起来,它并没有规定参与国家的数量,主张做一个开放的平台,欢迎任何国家加入,具有广泛的世界意义。因此,China Xinhua News在报道中着重报道国际领域和国家层面就不足为奇了,如"Opinion:♯BeltandRoad Initiative brings Chinese, European dreams together"(观点:"一带一路"倡议将中国梦和欧洲梦放在一起),"China welcomes Madagascar to join ♯BeltandRoad construction"(中国欢迎马达加斯加加入"一带一路"),等等,这些报道都是对国际多边关系中"一带一路"交流的报道。

(2)报道主体框架分析

在410篇报道中,以政府为主体的报道有235篇,占报道总量的57%;以企业为主体的报道有38篇,占报道总量的9%;以专家学者为主体的报道有19篇,占报道总量的5%;以社会团体为主体的报道有17篇,占报道总量的4%,以个人为主体的报道有29篇,占报道总量的7%;其他部分有72篇,占报道总量的18%。如图4-14所示。

(篇)

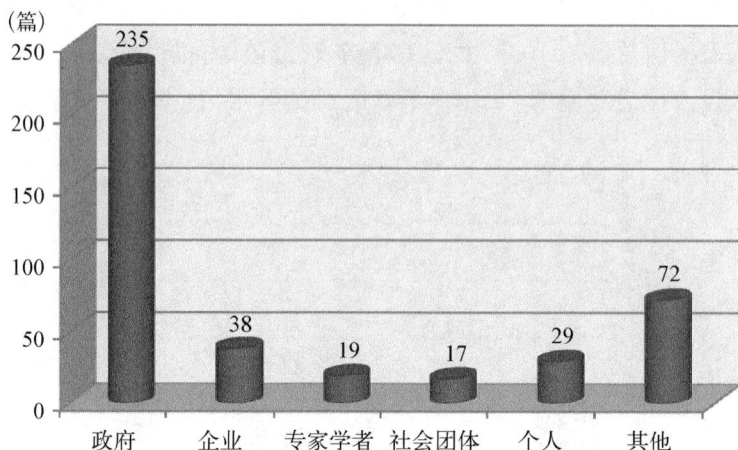

图 4-14　2017 年"一带一路"报道主体数量

通常情况下,领导机关、企业、专家学者和社会团体的新闻意识强烈,利用新闻媒体的意识较强,且易被媒体关注,而普通人的新闻意识较弱,利用新闻媒体的意识缺乏,且不易被媒体关注。如"Efforts should be strengthened to improve connectivity in #BeltandRoad development：Chinese vice premier"(中国副总理："一带一路"发展过程中需要努力加强各国之间的联系),"China's initiatives such as #BeltandRoad, #AIIB, show Beijing's responsible, constructive role：U.S. business leader"(美国商界领袖：中国的举措如"一带一路"倡议和亚投行都彰显了中国负责任和建设者的形象),"Nepal's participation in #BeltandRoad Initiative opens up new opportunities：experts"(专家：尼泊尔参与"一带一路"倡议,开辟了新的机遇),"UNICEF chief says #BeltandRoad Initiative helps build children's futures"(联合国儿童基金会主席说,"一带一路"倡议可以帮孩子们建立更好的未来)。相比之下,"一带一路"中的个人报道仅占总量的 7%,数量偏少。由此可见,China Xinhua News 在"一带一路"的相关报道中,对领导机关、商业企业、专家学者和社会团体关注度较高,对个人的关注度较低,且报道数量差距较大,整体呈现出以报道高端人士为主的框架,尤其以政府官员主,其报道数量远超其他主体。

3. 来源类目

来源类目是指新闻来源和消息来源,本文的研究文本皆是新华社的原创报道,故只分析新闻报道的消息来源。消息来源是指新闻报道中出现的新闻事实的来源,主要包括政府部门、企业、社会团体、专家学者、媒体记者、普通个人。政府部门是指报道中直接说明信息来源于政府机构。企业是指报道中明确表明信息来源于企业或者企业家。社会团体是指报道中明确信息源是社会团体。专家学者顾名思义是指报道的是专家学者的言论。媒体记者是指新华社记者采写的报道,以及国内外记者提供的报道。普通个人是指对普通民众的观点和想法的报道。

China Xinhua News"一带一路"410 篇新闻报道中,共有 191 篇来自政府,占 47%;共有 18 来自企业,占 4%;共有 20 篇来自专家学者,占 5%;共有 18 篇来自社会团体,占 4%;共有 13 篇来自个人,占 3%;其他部分 146 篇,占 36%。如图 4-15 所示。

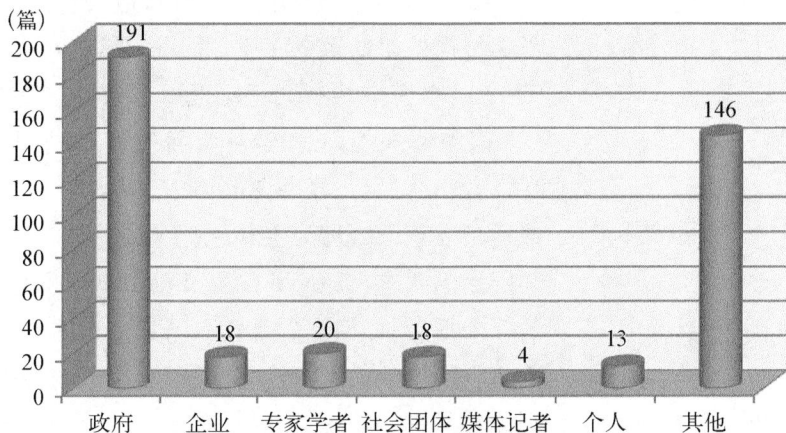

图 4-15 2017 年"一带一路"报道来源数量

报道来源即消息来源,是指一则新闻中涉及的事实和观点材料的出处,表明事实、观点和背景材料源于何处,由谁提供①。一般来说,政府、企业、专家学者、社会团体、媒体记者、普通个人代表着不同的利益。因此,为了平衡整体新闻报道,记者在撰写新闻事实时经常使用不同的消息来源。一般来说,使用单一消息来源(特别是消息来源不够权威时)的新闻,真实性和客观性将受到质疑②。China Xinhua News 在报道"一带一路"时选取多种消息来源的比例仅占总量的 17%,采用单一的政府消息来源的占到 47%,将近一半,这表明其在选择消息来源时有特

---

① 高嘉嗣. 消息来源使用的现状[J]. 当代传播,2004,(02): 85-87.
② 李松伟.框架理论视角下"一带一路"报道研究——以《人民日报》为例[D].暨南大学,2017.

定的标准。China Xinhua News 作为新华社的下设机构,对"一带一路"中政府的倡议和行为进行大量报道也无可厚非。

4. 方向类目

方向类目即新闻报道文本中呈现出的情感基调和舆论方向,本文从正面、负面、中性三方面来分析方向类目。正面是指在报道新闻事实的过程中传递出一种欣喜的感受,读者可以感受到一种正面情绪。负面是指在报道新闻事实的过程中营造一种"厌恶"的感受,读者可以感受到一种明显的负面情绪。中性是指在报道的过程中,只是单纯地报道事实,受众对传播者所传递的信息没有明显的情绪反应。此外对新闻文本的方向类目的判断是基于文本本身的语言、要素、话语的。

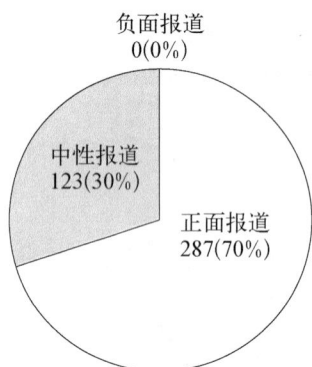

图 4-16 2017 年"一带一路"报道基调比例

报道基调是指新闻报道所营造的情感基调,是影响传播效果的重要手段。China Xinhua News"一带一路"报道中共有 287 篇正面报道,占 70%;共有 123 篇中性报道,占 30%;负面报道 0 篇(见图 4-16)。由此得出,China Xinhua News 的"一带一路"报道是以正面报道为主,以中性报道为辅,这符合党和国家的要求。但 China Xinhua News 也是推特上的一个平台,如何在满足党和国家要求的同时,兼顾推特上受众的诉求,进而提高新闻报道的传播效果,则需要做进一步思考。

5. 传播形式

传播形式指报道的呈现方式。报道形式传统上是指消息、通讯、评论、新闻照片等,结合本文研究的 China Xinhua News 的新媒体属性,报道形式则特指新闻报道的呈现方式,包括静图文、动图文、视频文、直播等。静图文是指推特上图片加文字的形式。动图文是指推特上动图(即 gif 图)加文字的形式,这是近年来较为流行的一种新媒体报道形式。视频文是指推特上一段文字配上一段视频,这也是目前比较风靡的形式之一。直播是指在推特上直接对某一新闻事件进行视频直播,特点是详细、实时、信息量大,伴随着直播行业的兴起,直播也是推特上重要的新闻报道方式之一。

410 篇报道中,共有 299 篇静图文报道,占 73%;共有 1 篇动图文报道,占总量的比例可以忽略不计;共有 68 篇视频文报道,占 17%;共有直播报道 42 篇,占 10％（见图 4‒17）。其中，静图文报道是最主要的报道形式，远高于其他报道形式；动图文报道全年只有 1 篇，数量太少；视频文报道和直播类的报道数量相差不多。

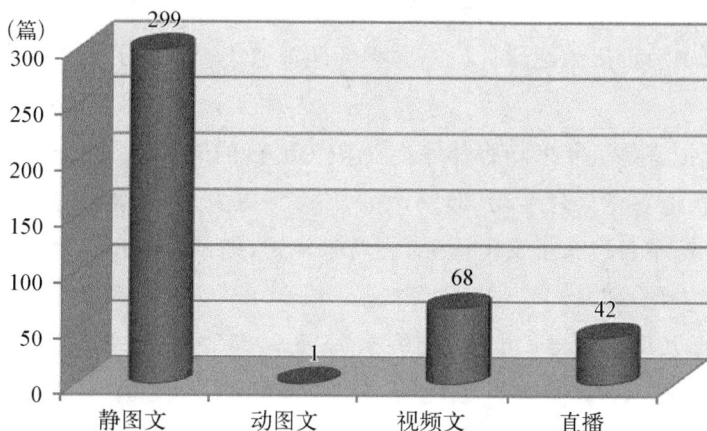

图 4‒17　2017 年"一带一路"各报道形式数量

由此可见，China Xinhua News"一带一路"的报道形式比较常规，静图文报道是主要的形式，以简洁的文字和直观的图片迅速报道新闻事实，这也是社交媒体使用最广泛、最频繁的传播形式。China Xinhua News 作为新华社设在社交平台上的媒体，属于综合性媒体，力求及时地将"一带一路"建设中具有代表性的信息传递给受众，因此简单、便捷的方式是首选。图 4‒18 是 2017 年 5 月 12 日和 12 月 7 日的两则图文报道。5 月 12 日的报道"Chinese workers help bring

图 4‒18　2017 年"一带一路"的两则图文报道

prosperity to countries along ♯BeltandRoad"（中国工作者通过"一带一路"倡议给这些国家带来繁荣），及时地告知受众中国工人在"一带一路"建设中的重要作用；12 月 7 日的报道"TV channel launches Afghan-Chinese documentary film on ♯BeltandRoad Initiative"（电视频道推出中国-阿富汗"一带一路"纪录片），让受众知晓中阿拍摄的纪录片。这两则新闻报道集中展示了图文报道发布短平快的特点。

视频文报道是近年来新媒体平台上较为流行的一种报道形式，由文字和短视频组成，报道容量大且生动、形象，给人的感觉更为直观，吸引力和说服力也较强。由于推特本身发布推文的限制，内容都较短，附带短视频的报道无疑可以将报道内容扩大化。2017 年 China Xinhua News 的"一带一路"视频文报道包含许多方面，涉及中国领导人的讲话、关于"一带一路"的文化艺术形式、他国领导人对"一带一路"的赞赏等。如图 4 - 19 中，2017 年 5 月 4 日的一则报道，"Laotian song featuring China-proposed ♯BeltandRoad Initiative has gone viral online"（老挝特色歌曲，内容是中国的"一带一路"倡议，已经上线且迅速传播），直接将报道内容（即歌曲）呈现出来，生动、形象且吸引人。5 月 12 日的一则报道"Our ♯24Hour tour on ♯BeltandRoad around the world: Different people have different answers to the initiative. Here are their stories"（"一带一路"上的 24 小时环游：不同的人对"一带一路"倡议有不同的看法，这里是他们的故事），信息量极大，视频展示了不同的人对"一带一路"倡议的不同看法，通过他人之口向受众展示"一带一路"，类似这样的视频文报道可以有效增强新闻的传播效果。

图 4 - 19　2017 年"一带一路"的两则视频文报道

直播类报道是推特作为新媒体平台重要的优势报道形式之一,画面和声音同步,受众容易产生共鸣,现场感、真实感更强;China Xinhua News 所面对的受众是世界性的,在世界性的平台上进行视频直播,其内容都是跨越国境的,对受众的吸引力会更强;而且由于是网络直播,和受众的互动性也很强。这些视频直播主要是大型会议的直播和部分人物的直播访谈等。如图 4-20 中,5 月 14 日的一则报道,"LIVE:♯XiJinping to give keynote speech at Belt Road Forum. Join our chat at press center ♯BeltandRoad"(直播:习近平在"一带一路"国际合作高峰论坛发表主题演讲。加入我们在新闻中心的聊天室),直接把当天论坛中中国国家领导人习近平的讲话实时呈现出来。8 月 17 日的一则报道"LIVE from Sidi Bou Said in Tunisia,where tourism sector eyes more coop with China,more benefits under ♯BeltandRoad"(来自突尼斯蓝白小镇的直播:旅游部门更加关注中国,在"一带一路"下会更加受益),直接报道了"一带一路"参与国民众的日常旅行,采用直播类报道无疑会增强传播效果。

图 4-20　2017 年"一带一路"的两则直播报道

6. 强度类目

强度类目是指新闻报道编辑的手段,具体包括版面位置和报道篇幅两个方面,China Xinhua News 作为推特上的媒体账号,不存在版面位置的前后之分,所以笔者仅对报道篇幅进行分析。报道篇幅是指新闻报道中文字的多少,本文中的原始文本皆为英文,为保证数据的科学性,本文以字符数(即每个单词包含的字母数,一般来讲英文中每个单词有 4—5 个字符)作为判断篇幅的标准,本文按报道篇幅将报道分为三类:少于 80 字符,80—150 字符和多于 150 字符。

新闻报道的篇幅一定程度上是新闻完整度和深浅度的具体体现,因为研究文本来源于 China Xinhua News(新媒体平台),报道篇幅普遍较短,报道篇幅一定程度上会对新闻内容的丰富性造成影响,不过这种影响较为微弱。从图 4-21 的统计结果来看,在 410 篇报道中,共有 59 篇少于 80 个字符的新闻报道,占 14%;共有 344 篇 80—150 个字符的新闻报道,占 84%;共有 7 篇多于 150 个字符的新闻报道,占 2%。整体来看,China Xinhua News 中 80—150 字符的中短篇报道占绝对优势,有小部分少于 80 字符的报道,多于 150 字符的报道只有几篇,可见其报道框架以中篇报道为主,短篇报道为辅。

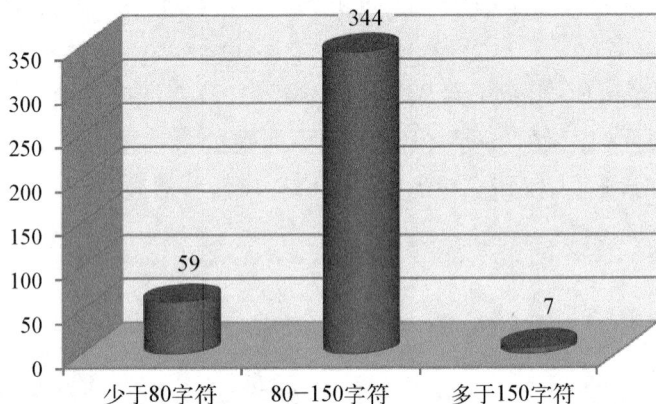

图 4-21　2017 年"一带一路"各报道篇幅数量

具体来说,少于 80 字符的报道大多为"一带一路"观点类报道,内容要素较少,如"Spotlight：♯BeltandRoad Initiative to reshape world economy, expert says"(头条:专家说"一带一路"会积极地重塑世界经济),"China, Poland highlight more cooperation under ♯BeltandRoad initiative"(中国和波兰强调在"一带一路"倡议下更多地合作);80—150 字符的报道大多为"一带一路"中的建设实施过程和经济成果展示,如"China to expand oil, gas cooperation with countries along ♯BeltandRoad：Chinese oil giant CNPC"(中国石油巨头中油集团:中国扩大与"一带一路"沿线各国的石油、天然气合作),"From 2013 to 2016, Chinese companies invested more than 60 billion dollars in countries along the ♯BeltandRoad"(2013—2016 年间中国企业已在"一带一路"倡议参与国投资了超过 600 亿美元);多于 150 字符的报道多为介绍"一带一路"参与国人民的生活情况,如"From Myanmar′s Made Island to Cambodia′s Sihanoukville port， thousands of residents living along ♯ BeltandRoad have reaped early benefits from ♯ BeltandRoad Iniative， seeing their living environment modernized， jobs， education opportunities turn up"（从缅甸的人造岛到柬埔寨的西哈努克港，成千上万的居住在"一带一路"国家的居民，从"一带一路"中受益，他们的生活环境现代化，工作、教育机会都实现了好转）。总体来看，China Xinhua News 的"一带一路"报道以中篇报道为主、短篇报道为辅，这是由其作为新媒体平台的媒体特性和受众需求共同决定的。

（二）自塑不足及原因分析

1. 推特用户的偏好分析

推特自诞生以来，就成为传统媒体和社会大众共同发表意见的平台。深入了解推特上的用户更热衷于关注哪些主题，对不同形式的报道呈现出何种态度，有助于提升"一带一路"报道的传播效果。根据《2015 年推特受众的洞察分析报告》[①]，推特用户有如下偏好。

（1）偏爱风格轻松的软新闻

软新闻是指富有人情味、纯知识、纯趣味的新闻。它和人们的切身利益并无直接关系；向受众提供娱乐，使其开阔眼界，增长见识，陶冶情操，或作为人们茶余饭后的谈资。《2015 年推特受众的洞察分析报告》[②]显示，推特上的受众对喜剧、电影、音乐等相关类型的内容较感兴趣，对趣味性推文的阅读量明显较多。统计显示，文化和社会类的报道比政治和经济类的报道收获的点赞量要多，而政治类的报道收获的点赞量最少。由此不难看出：具备新鲜性、重要性、趣味性的报道有极强的吸引力，通常情况下传播力不会太弱。

（2）注重信息来源的多元化

推特用户对国际类和个体类资讯的浏览量远远高于对单一国家和地区或者某一媒体内容的浏览量。统计显示，推特上的用户更倾向于接受个人原创消息，例如《纽约时报》的推特账号发布的某条消息可能只有 6 个用户关注，但是某个独立记者撰写的某条消息就可能引起 100 人的关注。一定程度上，用户更倾向于信息来源的多元化，他们希望能从更多更广阔的视角去审视同一

---

① Twitter：受众洞察分析：数据统计、兴趣、生活方式、购买习惯等[EB/OL]. http：//www.199it. com/archives/350839.html，2015－05－29.

② Twitter：受众洞察分析：数据统计、兴趣、生活方式、购买习惯等[EB/OL]. http：//www.199it. com/archives/350839.html，2015－05－29.

个内容。除此之外,因为推特是一个世界性社交平台,受众对不同区域的国际消息的关注度也很高。因此,通常情况下,国际资讯和个人类的资讯会受到较高的关注。

(3) 认同双面说服的内容

《2015 年推特受众的洞察分析报告》显示,推特 70％以上的用户都是受过教育的人,这类人在接受消息的时候,更偏重于接受双面说服,单纯的正面报道不能打动他们。推特上的受众比较接受中性客观的报道,对较为客观的报道的点赞量较多,对观点较为丰富全面的媒体账号的关注度较强。推特上的大部分受众更偏爱于浏览《纽约时报》这类标榜客观公正的媒体的账号。推特用户的自主性更强,面对报道的独立思考能力较强,且推特本身就是各种观点的集散地,故而受众不会只听信于一种观点。再者,推特受众偏年轻化,愿意且热衷于参与观点讨论,面对媒体的报道也更为冷静,多数情况下更容易接受观点客观的报道。

(4) 注重内容的视觉效果

推特上最容易被转发的就是即时短新闻、图文推特、带数据和视频的内容等,推特官方曾对 100 万个认证的推特账号进行调研,发现图片、直接引语、数字、视频、篇幅等要素最能有效激发受众的阅读兴趣及转发兴趣[1],其中图片、视频的提升作用分别为 15％和 27％。新闻报道中运用图片、视频等视觉产品可以有效地提升报道的吸引力。近年来随着直播的兴起,推特用户对这种报道形式也极为追捧,进行直播的新闻报道或资讯很容易引发推特受众的围观。除此之外,报道的篇幅也是受众关注的因素之一,一般来讲,简短且信息量丰富的推文最受欢迎。《2015 年推特受众的洞察分析报告》显示,70—80 字符的推文最容易被转发。无论是推文的形式,还是推文的长短,都会影响推文所带来的整体视觉效果,一定程度上说,抓住了推特受众对视觉效果的追求,也就能抓住受众的关注度。

2. China Xinhua News"一带一路"报道的问题分析

China Xinhua News 在推特上有 1 160 万个关注者,而其 410 篇"一带一路"报道的单位评论、转发、点赞量分别为 11 个、86 个、233 个,总体上来看是较少

---

① Twitter:用户最喜欢转发的七种 Twitter 类型[EB/OL]. http://www.199it.com/archives/265932.html,2014-08-14.

的。根据前文对各个类目的报道内容的分析,再结合上文对推特用户的受众心理的分析,课题组将 China Xinhua News"一带一路"报道中存在的问题进行了归纳总结。

（1）政经报道偏多

2017 年 China Xinhua News 对"一带一路"的报道,呈现出明显的报道领域不平衡的特点,在报道议题方面,呈现出成就报道框架,语言风格趋于严肃。从图 4‑22、图 4‑23 中的单位评转赞量来看,文化领域和社会领域收获的评转赞明显高于政治领域和经济领域,计划报道和政策报道收获的评转赞量明显高于一般报道和成就报道,且成就报道的评转赞量是最少的。这在一定程度上说明受众很愿意关注"一带一路"中的文化领域和社会领域的内容。"一带一路"建设是一个系统工程,在"一带一路"的建设过程中应该顺应世界多极化、经济全球化、文化多样化、社会信息化,故而文化、社会领域也是"一带一路"建设的重要方面。报道中占比较多的是对"一带一路"中的国际外交活动的报道,尤其是针对"'一带一路'国际合作高峰论坛"的报道,在 5 月份达到顶峰,一共 201 篇。其次是对"一带一路"中经济成果、国际项目建设、国际贸易合作等的报道,也占到了报道总量的较多比例,与之相比,文化、社会领域的报道极少,这与受众的关注度相悖。数据显示,文化领域和社会领域的报道在 China Xinhua News 的"一带一路"报道中仅有 72 篇,仅占总体报道数量的 18％,报道领域严重失衡,这与文化和社会在"一带一路"中的地位不匹配,也偏离了受众的关注。从报道议题上可以看出,受众对政策报道和计划报道的关注度较高,说明受众想要了解国内外人士对"一带一路"的解读和关于"一带一路"的议案等相关内容,但是 2017 年的报道总体偏重于成就报道,且语言风格较为严肃,对推特用户的吸引力较差。

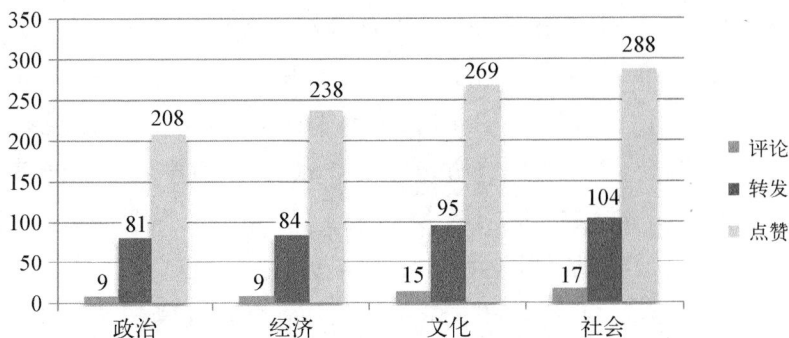

图 4‑22　2017"一带一路"各报道领域评转赞对比

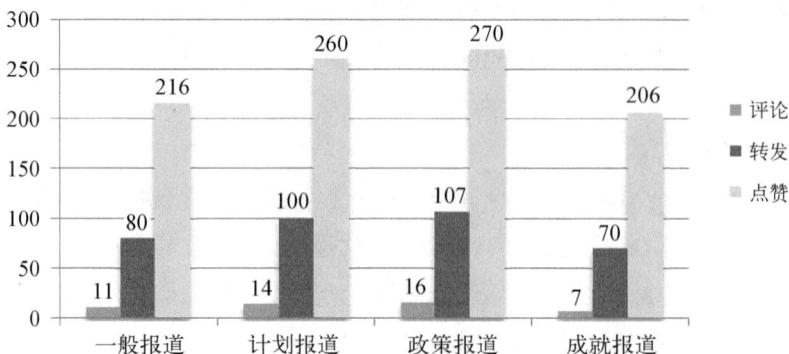

图 4‑23　2017"一带一路"各报道议题评转赞对比

（2）消息来源单一

China Xinhua News"一带一路"报道的消息来源较为单一。新闻话语的主体不是新闻工作者，新闻工作者只是将新闻话语写出来，新闻报道中的消息源才是真正的新闻话语主体。通常来讲，若各个消息来源的比例分布差距过大，会影响媒体的公信力（即受众对媒体的信任程度）。从 China Xinhua News"一带一路"报道的消息来源来看，过多的消息来源于政府，偏向性显著，其他消息来源在报道中失语情况严重。而且从图 4‑24 来看，来源于政府的报道收获的评转赞是最少的，而推特用户更喜欢消息来源的多元化，这进一步说明了目前报道的消息来源框架不甚合理，需要改变。从报道主体上来看，政府报道共235 篇，占报道总量的 57%，其余主体包括企业、专家学者、社会团体和个人，总计仅有 103 篇，占报道总量的 25%，可以说严重失衡。而从图 4‑25 可以看出，以企业和个人为主体的报道收获的单位评转赞远远多于其他几个报道主体，以政府为主体的报道收获的评转赞则是最少的。这也说明推特上的受众对以企业和个人为主体的报道的关注度远远高于其他报道主体，且受众不太愿意关注"一带一路"中有关各国政府的报道。中国多次强调"一带一路"倡议没有任何地缘政治成分，但是 China Xinhua News 上的报道中却在无意中给"一带一路"倡议涂上了浓重的官方色彩。首先，在报道中，"中国国家主席习近平""习近平"出现次数较多，几乎所有关于"一带一路"倡议的阐释都来自习近平。其次，"一带一路"相关活动的主体皆是官方，包含各国官员互访，各国官员签署合作协定。再次，在"一带一路"国际合作中，官方主导的合作的报道占比重绝对优势，而民间合作的报道却很少。在这些报道中，领导人是主要的发言者,各国官方的活动成为"一带一路"中的主要活动,而各国企业之间的合作、民间的声音却鲜有提及。"一带一路"倡议中,官方是主导,企业是主体,而在报道中,主导和主体在报道数量上差距太大,也违背了推特受众倾向于接收多个主体声音的心理,这样的框架设置有待调整。

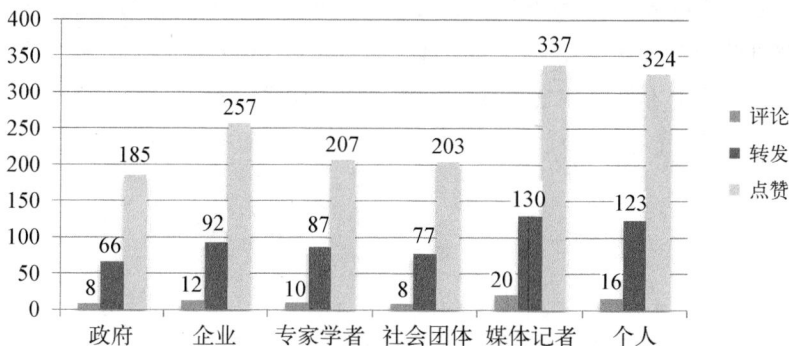

图 4－24 2017"一带一路"各报道来源评转赞对比

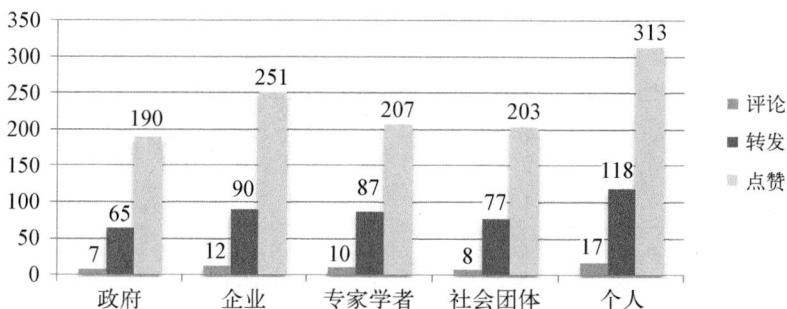

图 4－25 2017"一带一路"各报道主体评转赞对比

（3）单面宣传明显

结合"一带一路"整体的报道基调,笔者发现,China Xinhua News"一带一路"报道主要是以正面报道和政府的成绩宣传为主。从图 4－26 中可以明显看出,推特受众对 China Xinhua News 上的正面报道的反应并不积极（正面报道的评转赞量明显少于中性报道）。"一带一路"的整体报道中,或者是对已有成果的报道,或者是对正要获得的成果的报道,又或者是对获得成果的举措的报道,忽视了对"一带一路"建设中出现的问题的报道。没有任何一项活动是完美无缺的,更何况是"一带一路"这样涉及众多领域的世界性活动。而过多的单方面的正面报道,也会影响媒体在受众心中的公信力。从前文可知,China Xinhua News"一带一路"报道区域中国际方面的稿件共有 248 篇,占报道总量的 60%,

其余国家、省区、城市报道总计 162 篇,占报道总量的 40%,基于 China Xinhua News 是在世界舞台上的报道,可以说国际和国家的报道从数量上达到了一定的合理平衡。从图 4-27 也可以看出,国际报道相比于城市报道、省区报道和国家报道收获的单位评转赞量是最多的,这也说明 China Xinhua News 是把"一带一路"作为一项国际性质较强的活动进行报道的,但是这么多的国际性报道却没有出现负面信息,未免有些不合理,而且前文提及,推特受众更趋向于接受双面说服,如果只是单方面的正面报道,比较不容易被受众接受。

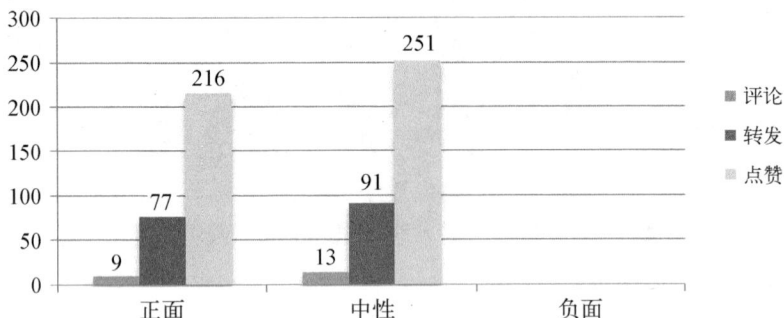

图 4-26　2017"一带一路"各报道基调评转赞对比

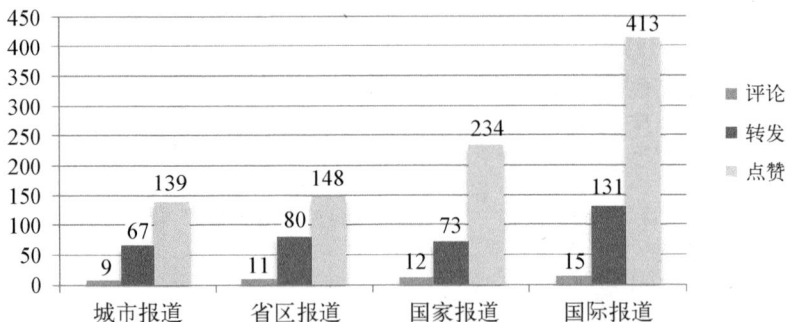

图 4-27　2017"一带一路"各报道区域评转赞对比

（4）呈现形式单调

China Xinhua News"一带一路"报道的报道形式较为单调。China Xinhua News 作为社交媒体账号,其报道的整体篇幅较短,从上文可知,其 80% 以上的报道为中短篇报道,比较符合公共社交平台上受众的浏览需求。但是从图 4-28 中可以明显看出,少于 80 个字符的报道收获的评转赞量明显较多,其次是 80—150 字符的报道,收获评转赞量最少的是 150 字符以上的报道。在推特这种媒体平台上,较少的字符是吸引受众关注的重要因素之一。推特上的用

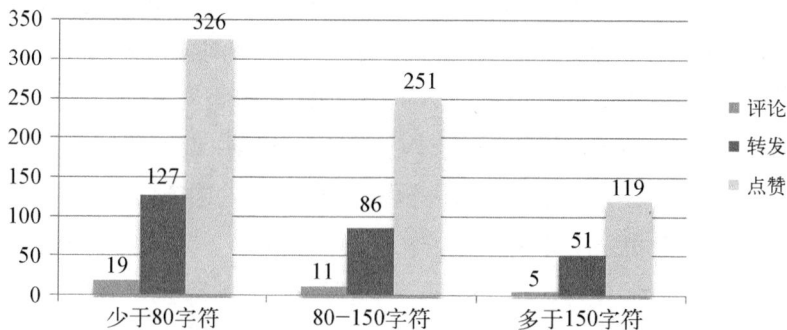

图 4-28 2017"一带一路"各报道篇幅评转赞对比

户更喜欢篇幅较短的消息,70—80 字符的报道是最受欢迎的。

从报道形式上来看,全年的"一带一路"报道中,73% 为静图文报道,视频文占 17%,直播报道占 10%,全年仅有一篇动图文报道。从图 4-29 可以明显看出,直播类的报道是最受关注的,且远远高于其他形式。视频文也是受关注的重要报道形式之一。但是从数量分布上看,各个呈现形式的分布严重不平衡,尤其是动图文报道极少,几乎可以忽略不计,视频文和直播报道略少,静图文报道过多。收获评转赞量比较多的几种报道形式被使用的频率却明显较少,China Xinhua News 在报道中主要使用单一的静图文的形式。除此之外,从种类上来看,China Xinhua News"一带一路"的呈现形式较为单调,全年仅有 3 种主要的报道形式。这也不能满足推特用户对视觉效果的要求,推特作为一个新媒体平台,包含多种报道表现形式,如图解新闻、数据新闻和新闻类游戏等。以动图报道和数据新闻为例,动图报道在近年的报道中较为流行,深受社交媒体上受众的

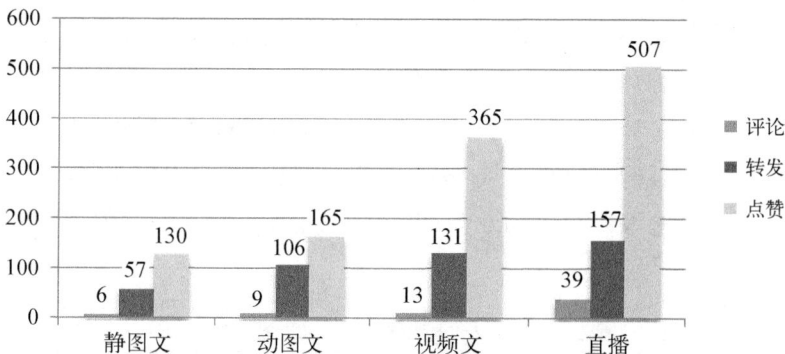

图 4-29 2017"一带一路"各报道形式评转赞对比

喜爱,图片是包含动作且循环播放的,与静图报道相比,形式较为活泼,信息量大,与视频报道相比,观看便捷、耗费流量极少;数据新闻则是在当今大数据时代背景下产生的一种新型报道形式,它基于新型的新闻报道方法,如数据采集、挖掘、统计、分析和可视化,给人的整体感觉更为直观、说服力更强。而 China Xinhua News 在报道中却并未强调视觉效果的运用,在报道的呈现方式方面偏离了推特用户喜欢和关注的轨道。

3. China Xinhua News"一带一路"报道问题产生的原因分析

框架是新闻媒体或新闻工作者在处理新闻信息时所依赖的思考基模[①],一个框架的形成受到新闻工作者、消息来源、受众、社会环境等多种因素的共同作用[②]。新华社作为中国政治性最强的新闻通讯社,其推特账号 China Xinhua News 的新闻报道框架受到的影响因素就更为复杂。

(1) 忽视软新闻的重要性

China Xinhua News"一带一路"报道偏向政绩报道的原因在于忽视软新闻的重要性。加拿大传播学者伊尼斯在《传播的偏向》一书中指出,所有的传播媒介都存在时空偏向,无论哪一种偏向,都带着偏离某种特定中轴之意。在整体的媒介融合环境下,每一种媒介都有自己特有的符号特质,这就决定了它们拥有预设传播偏向的属性,如时间偏向、空间偏向、精神偏向等,包括政治、经济、文化、社会等方面的偏向[③]。臧国仁认为:"(新闻)框架概念中最重要的部分,就在于了解新闻媒体为何选择某个特殊内容(值),且选择的比重如何。"[④]随着媒体市场竞争日趋激烈和媒体的融合,媒介之间的竞争会加重传播的偏向性。为了吸引更多的受众,媒体倾向于只报道某个特定社会阶层的信息,并主动避开其他社会阶层。

China Xinhua News 作为我国的官方机构,没有必要追求社会和市场的流行趋势,这恰恰造成了在报道中对软新闻的忽视,也忽视了受众对软新闻的需求。报道内容定位于政治领域和经济领域,语言风格也偏严肃。China Xinhua News 在报道中不仅要呈现"一带一路"的相关进程,更要引导国际舆论,而文化和社会方面的报道效果并不如政治、经济领域的报道效果好,因为大量的政治、

---

① 臧国仁. 新闻媒体与消息来源——媒介框架与真实建构之论述[M].台北:三民书局,1999:45-50.
② 臧国仁.新闻媒体与消息来源——媒介框架与真实建构之论述[M].台北:三民书局,1999:45-50.
③ [加]哈罗德·伊尼斯.传播的偏向[M].何道宽,译.北京:人民大学出版社,2003:56.
④ 臧国仁.新闻媒体与消息来源——媒介框架与真实建构之论述[M].台北:三民书局,1999:47.

经济领域的报道可以展现中国"一带一路"日益提升的国际影响力,能吸引世界上更多的国家参与"一带一路"建设。毕竟决定是否要参与"一带一路"建设的是各国的政要。但是 China Xinhua News 却明显忽视了推特这一平台的属性,这里的受众主要为普罗大众,基于这个平台,报道的内容不能只是枯燥无聊的硬新闻,这里的受众更偏爱有趣的软新闻。新华社引领舆论的初衷没有问题,但要学会对症下药,要在不同的媒介平台上采用不用的方式,要适应社交平台的受众需求,这样才能取得最好的效果。

(2) 政治本位的媒体属性

China Xinhua News "一带一路"报道中消息来源单一的原因在于其政治本位的媒体属性。"新闻报道的普遍规律包括其内在规律和外部规律(即外部条件)两个方面。新闻的内在规律与外部规律往往共同影响着新闻报道的框架,其中外部规律一般都包含政治影响,这通常会决定媒体在新闻报道时选择的方向,甚至会影响到新闻内容。"①因此,政治因素常常会对媒体活动产生重要影响,时代要求、国家战略、法律法规等是媒体在进行报道之前所要考虑的因素。China Xinhua News 是新华社的推特账号,新华社是国家机构,必须服从党和国家的安排,在报道口径上必须严格执行宣传部设定的外宣政策,官方的声音必须占最大比重。

在新闻报道中,政治性太强显然会带来一定的影响,过强的政治本位容易习惯性地忽视企业家、专家学者、社会团体和民间个人围绕"一带一路"发出的声音,China Xinhua News 的报道仅仅出现了几篇关于"部分民众对'一带一路'的看法"等的报道,相比于对我国政府官员与"一带一路"活动的相关报道,数量上相差甚远。而且许多报道都是中国国家领导人在"一带一路"倡议中的各种举措和讲话,把新闻报道营造成了中国领导人的讲话。此外,报道十分突出"一带一路"中中国官方的活动,对各国的民间交流的报道有些匮乏,导致了"一带一路"倡议本身的官方属性被人为加强。

(3) 长期宣传报道的影响

China Xinhua News 上关于"一带一路"的报道,宣传痕迹明显。这是由我国在外宣工作中长期以正面宣传为主的"习惯性思维"所致。在报道上对正面事实较为注重,尽可能地展示"一带一路"倡议旨在造福全世界人民的理念,而且要

① 丁柏铨.党报与新闻规律[J].新闻界,1997(1):6-9.

不断传达世界各国对"一带一路"倡议的肯定态度。甚至可以这样说，China Xinhua News 整体的报道框架就是为了从经济视角呈现参与"一带一路"建设的巨大红利，建构出合作共赢的舆论环境。

再者，China Xinhua News 是在世界性的媒体平台上为中国发声，媒体报道自然要服务于中国的政治和经济利益。表现在 2017 年的"一带一路"报道上，就是在政治上呈现"'一带一路'广泛的国际合作"，呈现"众多的积极评价"，在经济上呈现"'一带一路'合作成果"，呈现"中国对'一带一路'巨大的资金投入"，在文化上呈现"各国与中国积极的文化交流"，在社会生活上呈现"对'一带一路'沿线地区人民生活的极大改善"等。

（4）新媒体传播理念的缺失

China Xinhua News"一带一路"的报道形式单调的原因在于其新媒体传播理念的缺失。"刻板成见"是指人们对特定的事物所持有的固定化、简单化的观念和印象，它通常伴随着对该事物的价值评价和好恶的感情①。"刻板成见"具有强大的延续性，一旦形成某种刻板印象，很难做出迅速的改变，并且会对认知和选择产生重大影响。一般来说，在传统新闻媒体中工作的媒体从业者更容易受刻板成见的影响，并且在媒体工作的时间越久，从业者一定程度上受到的刻板成见的影响就越深。具体到 China Xinhua News"一带一路"报道形式上就比较明显，新闻报道形式要与时俱进，伴随新媒体的发展，许多传统媒体的新闻工作者很难充分利用新媒体报道的优势，在新闻报道形式上常常会出现"换汤不换药"的情况。

China Xinhua News 是典型的新型媒介，包含多种新闻报道形式，如上文提及的图解新闻、数据新闻、动图新闻、新闻类游戏等。而就 2017 年 China Xinhua News 的报道来看，除了涉及视频文的新闻报道形式之外，其他几种新颖的形式都没有出现。China Xinhua News 的大部分报道仍局限于传统的静图文报道，整体报道缺乏活力，很多情况下还是在用传统媒体的思维在推特上进行报道，在推特这个新型媒体平台上显得有些"老态龙钟"。推特用户每天阅读推文的时间短，阅读的速度快，讲究充分利用碎片化的时间。因此，新闻报道只有在形式上实现"快速、直接、新颖、创意"这几点特性，才能更好地吸引新媒体用户。China Xinhua News 的新闻工作者并没有结合新媒体的特点做量体裁衣式的报道，对来

---

① 李艳."拟态环境"与"刻板成见"——《公众舆论》的阅读札记[J].东南传播，2010(05)：86 - 88.

源于传统媒体的新闻并未做进一步的加工和处理,而是照搬照抄地放在新媒体平台上,形式较为单一、吸引力不强、变化程度较小、篇幅较长,究其原因就是一定程度上困于刻板成见,新媒体传播理念缺失,忽视了新媒体传播形式的多样性。

（三）建议

China Xinhua News"一带一路"的报道,整体而言受关注较少,传播效果较差。若想要"一带一路"倡议在推特上具备良好的传播效果,让世界范围内更多的国家、企业和民众接受且参与其中,则需要 China Xinhua News 在今后的"一带一路"报道上贴合推特用户的心理,在报道形式上做出改变。

1. 明确文化和社会属性,调整语言风格

China Xinhua News "一带一路"报道偏向政治经济领域,语言风格严肃,需要进一步明确"一带一路"的文化和社会属性。"一带一路"首先是文化之路、社会之路,其次是政治之路、经济之路。China Xinhua News"一带一路"报道对政治、经济领域的过度强调显然是有失偏颇的。政治、经济领域涉及不同国家的意识形态和国家利益,必然引人关注,这也无可厚非,但是"一带一路"要想实现长久发展,仅仅依靠政治、经济交流是不够的,还需要在文化领域、社会领域发挥作用。"一带一路"建设中,企业、民众是不容忽视的关键参与者,"一带一路"讲求政策沟通、设施联通、贸易畅通、资金融通、民心相通,其中"民心相通"是"一带一路"建设的社会根基。因为企业之间的经济合作、两国之间的商品互买互通、双方旅游事业的发展都离不开民意的作用。具体到新闻报道中,就是要立足于传承和弘扬"一带一路"友好合作精神,加大对跨国旅游、人才交流合作、志愿服务等方面内容的报道。

"一带一路"建设涉及众多国家,不同文化之间的碰撞不可避免,在"一带一路"的报道过程中要发挥"文化向导""文化指示牌"的作用,介绍不同国家的文化习惯和文化忌讳。与此同时,在报道中也要调整语言风格,文化、社会领域的内容和政治、经济不一样,前者可以被赋予多种形式的表达,譬如音乐、电影等形式,开展"一带一路"文化、社会领域的报道需要学会轻松、畅快地表达。

2. 立足受众诉求,丰富报道主体

China Xinhua News 在后续的报道中要增加对除政府外的其他主体的报道。因为 China Xinhua News 的受众涉及很多领域,受众期望关注的也不限于政府方面的内容,单纯强调政府的主体行为很难吸引其他社会主体的关注,传播效果会大大减弱。在新闻报道中要站在受众的角度思考问题,把受众作为新闻报道中的一个重要因素。China Xinhua News 虽然不需要考虑市场收益问题，但必须考虑新闻报道的传播效果，尤其是在世界舞台上，若是对受众的诉求不闻不问的话，传播一定达不到理想的效果。当然，"考虑受众的诉求"并不是简单地迎合受众，更不是为了迎合受众而全然不顾本国利益，而是为了达到"让世界更全面地了解'一带一路'"的目的，有针对性地根据各国受众的习惯、特性等，按照客观的传播规律进行新闻报道，更有效地传播"一带一路"倡议。首先，我们报道的信息，希望世界舞台上的受众能够接受，应当寻找他们的共同诉求点，把国外受众感兴趣的内容和我们愿意提供且能够提供的内容结合起来进行报道，从而不断增强新闻报道的吸引力和竞争力。

China Xinhua News 也要从政府（官方）主体的视野中跳出来，将报道的主体逐渐拓展到企业、专家学者、社会团体、民间个人。因为他们的故事细节性更强、更能打动人、更有血有肉，这些报道主体是"一带一路"报道中最鲜活的素材。增加这方面的报道，China Xinhua News 的新闻工作者要贴近群众，在对外报道中也要落实"走转改"的优良作风，把"一带一路"中的企业交流建设、社会团体的志愿服务、人民群众的日常生活等都落实到新闻报道中去，让"一带一路"的相关报道更具吸引力，从微观层面打开对外传播"一带一路"的信息之窗。

3. 转变宣传理念，注重正面效果

世界上的任何国家的对外传播都是为了宣传自己、争取人心，如美国每年向中国输入的诸多美国大片中都饱含"美国精神"，我国媒体在报道中长期贯彻"以正面报道为主"的方针，在"一带一路"的报道中也惯用这种方式，大量报道政绩、经济成果，对负面的东西顾虑很多，甚至只字不提。由于忽视国外媒体的报道习惯和国外受众的接受习惯，这种报道方式往往不能达到预期的传播效果。因此，要将"以正面报道为主"的指导思想转变为"以正面效果为主"[①]。

面对 China Xinhua News "一带一路"报道中单面宣传的问题，需要转变宣传理念。长期以来，我国对外传播媒体在"正面报道为主"的把握上有失偏颇，导致媒体感染力下降，媒体形象受损。因此，我们亟须转变传播理念，以追求"正面效果"为主而不是以"正面报道"为目标，坚持以事实为基础进行报道，塑造客观真实的"一带一路"形象，增强可信度。当然就实际情况而言，由于西方媒体工作

---

① 对外传播中的国家形象设计项目组.对外传播中的国家形象设计[M].北京：外文出版社,2012：258－259.

者的价值观、意识形态和新闻理念的影响,"一带一路"的负面信息常常更容易引起国外主流媒体的关注,如果负面信息过多,显然对"一带一路"的顺利推进是不利的。然而,对于受过高等教育的精英人士而言,"双面说"比"单面说"更具说服力。新闻工作者不能为了单纯地追求正面报道,而对客观存在的负面信息视而不见,这无异于掩耳盗铃。因此,China Xinhua News 的新闻工作者在"一带一路"的对外报道中,针对推特受众中的精英人士和西方的主流媒体,要坚持客观公正的原则,以追求正面效果为目标,恰当使用平衡报道,将有助于加深国际社会对"一带一路"倡议的认识。

4. 立足新型媒体,丰富报道呈现方式

互联网在相当程度上改变了人们的生活和沟通方式,越来越多的人习惯通过新媒体来接受和表达观点,大众也逐渐偏爱新媒体呈现方式的多样性。China Xinhua News 立足于推特这个新媒体平台,必须充分发挥新媒体自有优势,丰富"一带一路"报道的呈现方式。在新媒体的语境下,需要对全媒体的要素进行整合,对"通稿"进行新媒体加工,让推特上的受众轻松地接受报道内容。首先,要从形式上入手,尽可能地丰富报道形式。独特的创意是提高新媒体产品核心竞争力的重要手段,China Xinhua News 需要多采用时下最流行的报道形式,诸如动图文、长图文、数据新闻、H5 新闻等,同时要把握好不同的报道形式出现的频次,做好不同的新闻报道形式在一定时间段内的组合,时刻给受众新鲜感,这样才能更加吸引受众的眼球。这一点可以借鉴新华社在国内的新媒体中心的"一带一路"报道,其在 2017 年 5 月"'一带一路'国际合作高峰论坛"中,推出了一个流量过亿的新媒体产品和多个过千万级的新媒体产品,在多方面取得了创新性突破。

从内容篇幅上来说,China Xinhua News 在"一带一路"的新闻报道中也要尽量使稿件篇幅短小,可以将新华社的稿件适当地缩减,使其适合社交媒体的传播,并且即时在推特上发布。在使用图文报道时,要注重不能出现"不同报道使用同一图片"的问题,因为这样会引起受众的反感,甚至会被受众误以为媒体对报道内容不重视。如果有重要的报道内容需要重复推送,那么在编辑新闻的过程中,要注意不让用户对重复的内容感到不适。最后,China Xinhua News 作为推特上的一个平台,要学会同网友互动,这样不仅可以增强受众黏性,还能拉近与受众之间的距离。除了和用户互动之外,也要加强和推特上的其他媒体平台(如人民日报、中国日报)的互动,各家媒体互相支持,针对某一重要新闻还可相互转发,以实现"一带一路"新闻报道受众的最大化。

参 考 文 献

［1］北京市新闻工作者协会.中国媒体融合发展报告(2016)[M].北京：社会科
　　学文献出版社,2017.

［2］北京市新闻工作者协会.中国媒体融合发展报告(2017—2018)[M].北京：
　　社会科学文献出版社,2017.

［3］曹云华.试论菲律宾华人与当地民族的关系[J].东南亚研究,2001(05)：
　　61－68.

［4］陈虹虹."一带一路"沿线媒体合作策略浅析：文化距离视角[J].传播与版
　　权,2017(02)：167－169.

［5］陈先红.媒介近用权及消息来源对政府调控新媒体的影响——以汶川大地
　　震为例[J].武汉理工大学学报(社会科学版),2010,23(01)：18－25.

［6］陈旭光.他者视域下纪录片《中国人要来了》中的中国形象[J].电影文学,
　　2012(13)：109－110.

［7］程曼丽,王维佳.对外传播及其效果研究[M].北京：北京大学出版社,2011.

［8］储殷,高远.中国"一带一路"战略定位的三个问题[J].国际经济评论,2015
　　(02)：90－99＋6.

［9］崔莉萍.基于"一路一带"推动中华文明在欧亚大陆的再传播[J].新闻大学,
　　2014(05)：96－101.

［10］戴元光.传播学研究理论与方法[M].上海：复旦大学出版社,2003.

［11］丁艳丽.《纽约时报》镜像下的中国少数民族形象[D].中央民族大学,2012.

［12］对外传播中的国家形象设计项目组.对外传播中的国家形象设计[M].北
　　京：外文出版社,2012.

［13］范以锦.以新思维拓宽对外传播平台[J].传媒,2015(13)：29－31.

[14] 冯德律,谢震宇.德国电视纪录片中的中国形象探析[J].德国研究,2007
　　 (04):50-56+79.

[15] 高丽萍."一带一路"沿线区域媒体宣传格局的构建[J].数字传媒研究,
　　 2016,33(06):1-5.

[16] 韩昀良.客观外衣下的话语霸权——BBC《中国人要来了》的编码特点及对
　　 我国对外传播的启示[J].传播与版权,2014(09):129-130.

[17] 何辉,刘朋.新传媒环境中国家形象的构建与传播[M].北京:外文出版
　　 社,2007.

[18] 韩玉花.西方媒体涉华报道中的议题设置[J].重庆交通大学学报(社会科学
　　 版),2007(01):96-98.

[19] 胡祖光.论中国国家形象传播的现状和对策[D].山西大学,2013.

[20] 黄旦.传者图像:新闻专业主义的建构与消解[M].上海:复旦大学出版
　　 社,2003.

[21] 黄慧.阿拉伯媒体的"一带一路"报道倾向研究[J].西亚非洲,2016(02):
　　 146-160.

[22] 黄耀东,黄韬.菲律宾:2015年回顾与2016年展望[J].东南亚纵横,2016
　　 (02):37-41.

[23] 贾爽."一带一路":Twitter网络舆情分析与对策建议[D].南京大学,2016.

[24] 蒋琳.中外纪录片中的中国形象对比分析——以《一览中国》和《舌尖上的
　　 中国》为例[J].新闻传播,2012(10):43+46.

[25] 金玲."一带一路":中国的马歇尔计划?[J].国际问题研究,2015(01):
　　 88-99.

[26] 鞠海龙.2013年菲律宾政治、经济与外交形势回顾[J].东南亚研究,2014
　　 (02):22-27.

[27] 李长文.论媒体在中国形象塑造中的作用[D].黑龙江大学,2013.

[28] 李卉.外国纪录片中的中国形象分析[J].改革与开放,2010(18):188-189.

[29] 李寿源.国际关系与中国外交——大众传播的独特风景线[M].北京:北京
　　 广播学院出版社,1999.

[30] 李向阳.构建"一带一路"需要优先处理的关系[J].国际经济评论,2015
　　 (01):54-63+5.

[31] 李晓,李俊久."一带一路"与中国地缘政治经济战略的重构[J].世界经济与

政治,2015(10):30-59+156-157.

[32] 李星驰.广西东盟主题网站建设及其对外传播现状研究[D].广西大学,2016.

[33] 李永芬.菲律宾政治体制中的民主进程[J].云南民族大学学报(哲学社会科学版),2009,26(04):75-78.

[34] 梁建增.略论新闻媒体的社会责任[J].新闻战线,2007(11):38-41.

[35] 刘慧,叶尔肯·吾扎提,王成龙."一带一路"战略对中国国土开发空间格局的影响[J].地理科学进展,2015,34(05):545-553.

[36] 刘继南.国际传播与国家形象——国际关系的新视角[M].北京:北京广播学院出版社,2002.

[37] 刘继南.中国形象——中国国家形象的国际传播现状与对策[M].北京:中国传媒大学出版社,2006.

[38] 刘开骅.西方主流媒体"他塑"的中国军队形象——以美联社等四家媒体对中国海军护航报道为分析样本[J].国际新闻界,2010,32(08):50-56+79.

[39] 刘卫东."一带一路"战略的科学内涵与科学问题[J].地理科学进展,2015,34(05):538-544.

[40] 刘晓."一带一路"对外传播研究[D].湘潭大学,2016.

[41] 刘小三."一带一路"视域下西藏对外传播的着眼点与实现路径[J].新闻论坛,2016(02):88-91.

[42] 龙异.菲律宾精英家族政治的历史演进分析[J].南洋问题研究,2013(04):42-50.

[43] 孟晴."一带一路"媒体传播的文化外交价值[J].新闻战线,2016(16):14-15.

[44] 庞琴.解构美国主要新闻报纸中的中国女性形象,1998—2005[D].北京外国语大学,2005.

[45] 彭慧.试论当代菲律宾国内的三种政治形态[J].东南亚研究,2010(06):11-16+36.

[46] 单万里.外国纪录片中的百年中国[N].南方周末,2002-08-09.

[47] 邵静.《纽约时报》中的中国政治形象研究[J].浙江传媒学院学报,2011,18(06):8-17.

[48] 申洁.2000年后美国涉华纪录片中的中国形象研究[D].中国青年政治学

院,2013.

[49] 苏洁红.新世纪以来纪录片中的中国形象[D].广西师范学院,2015.

[50] 谭峰."一带一路"话语体系建构的两大转变[J].对外传播,2015(04)：
34－35.

[51] 唐晨光.影像中的 20 世纪中国——中国纪录片的发展与社会变迁[D].南开
大学,2001.

[52] 陶志威.中国网络国际传播平衡报道研究[D].湖南大学,2015.

[53] 涂玉洁.涉华纪录片传播与中国国家形象的建构[D].中南民族大学,2012.

[54] 王超."一带一路"新闻框架研究——以《人民日报》《纽约时报》《泰晤士报》
报道为例[D].西北大学,2016.

[55] 王晨.抓住难得历史机遇塑造良好国家形象[N].人民日报,2010－06－01(7).

[56] 王丰龙,张衔春,杨林川,洪世键.尺度理论视角下的"一带一路"战略解读
[J].地理科学,2016,36(04)：502－511.

[57] 王亮."一带一路"建设下陕西对中亚传播新常态[J].今传媒,2016,24(03)：
10－11.

[58] 王仁忠,毛洲英.宁波广电集团"一带一路"报道的探索与思考[J].中国广播
电视学刊,2015(06)：40－42.

[59] 王义桅,郑栋."一带一路"战略的道德风险与应对措施[J].东北亚论坛,
2015,24(04)：39－47＋127.

[60] 吴杰伟.菲律宾天主教对政治的介入[J].东南亚研究,2005(06)：16－19.

[61] 韦路,吴飞,丁方舟.新媒体,新中国？网络使用与美国人的中国形象认知
[J].新闻与传播研究,2013,20(07)：15－33＋126.

[62] 吴金平,鞠海龙.2012 年菲律宾政治、经济与外交形势回顾[J].东南亚研究,
2013(02)：23－28.

[63] 鞠海龙,邵先成.2014 年菲律宾政治、经济与外交形势回顾[J].东南亚研究,
2015(02)：29－37.

[64] 吴金平,鞠海龙.2011 年菲律宾经济、政治与外交形势回顾[J].东南亚研究,
2012(02)：23－29.

[65] 尧红梅.法国智库媒体视阈中的中国"一带一路"倡议[J].视听,2017(02)：
138－140.

[66] 徐小鸽.国际新闻传播中的国家形象问题[J].新闻与传播研究,1996(02)：

35 - 45.

[67] 许雨燕.电视媒体对国家形象的"棱镜折射"分析——以 BBC 纪录片《中国人要来了》为例[J].暨南学报（哲学社会科学版）,2015,37(10)：131 - 137+164.

[68] 孙晶.葛兰西的文化霸权理论及其质疑[J].马克思主义与现实,2001(01)：80 - 85.

[69] 檀有志.公共外交中的国家形象建构——以中国国家形象宣传片为例[J].现代国际关系,2012(03)：54 - 60.

[70] 魏璐璐.论"中国元素"与"中国形象"在好莱坞电影中的演进[D].吉林艺术学院,2011.

[71] 杨珂.中国对外传播政策研究[D].暨南大学,2015.

[72] 杨雪燕,张娟.90 年代美国大报上的中国形象[J].外交学院学报,2003(01)：41 - 48.

[73] 袁赛男.构建"一带一路"战略视域下的新对外话语体系[J].对外传播,2015(06)：13 - 15.

[74] 张东岳.美籍华裔政治精英的媒体再现[D].中国青年政治学院,2015.

[75] 张惠建.乘"一带一路"东风,扬对外宣传之帆——融媒体背景下电视对外传播的广东实践[J].新闻战线,2017(09)：13 - 17.

[76] 赵娟,李书藏,陈永庆."一带一路"背景下的央视对外传播创新[J].新闻战线,2017(09)：21 - 25.

[77] 张建琴.在"他者"镜像中审视自身——当代中国"西方视域中的中国形象"研究述评[J].社会科学辑刊,2015(01)：176 - 181.

[78] 赵婷.美国报纸对中国留学生形象的塑造研究[D].华北电力大学（北京）,2008.

[79] 赵振祥.菲华报刊的发展与菲华社区的建构[J].厦门大学学报（哲学社会科学版）,2008(02)：64 - 70.

[80] 赵贤.BBC 涉华纪录片研究及中国形象建构[J].新闻研究导刊,2016,7(13)：187+191.

[81] 赵新利,张蓉.国家叙事与中国形象的故事化传播策略[J].西安交通大学学报（社会科学版）,2014,34(01)：97 - 101.

[82] 赵新利.日本纪录片中的中国形象[J].青年记者,2009(28)：15 - 17.

[83] 仲伟合,王冬青.传媒全球化视野下的中国形象:定位、传播与反馈[J].外语研究,2015(02):3-6+112.

[84] 周笑.异质化传播:新媒体的本质优势[J].传媒,2006(11):67-68.

[85] 邹嘉龄,刘春腊,尹国庆,唐志鹏.中国与"一带一路"沿线国家贸易格局及其经济贡献[J].地理科学进展,2015,34(05):598-605.

[86] 朱东芹.菲律宾华文报业的历史、现状与前景分析[J].世界民族,2011(01):55-61.

[87] 庄严."一带一路"背景下广西面向东盟开展文化传播的思考[J].出版广角,2016(13):40-42.

[88] 王一川.中国形象诗学[M].上海:三联书店,1998.

[89] 唐钧.公共部门的危机公关与管理——政府与事业单位的危及公共关系解决方案[M].北京:中国人民大学出版社,2007.

[90] 殷莉.新闻发布案例透视[M].北京:新华出版社,2007.

[91] 殷莉.区域形象传播的塑造和传播[M].北京:新华出版社,2009.

[92] 殷莉,等.天津市"津云中央厨房"建设与融合创新[M]//中国媒体融合发展报告(2017—2018).北京:社会科学文献出版社,2017.

[93] 殷莉,等.2015—2016年天津市媒体融合发展综述[M]//中国媒体融合发展报告2016年.北京:社会科学文献出版社,2017.

[94] 张长明.让世界了解中国——电视对外传播40年[M].北京:海洋出版社,1995.

[95] 张昆.国家形象传播[M].上海:复旦大学出版社,2005.

[96] 赵振祥,等.菲律宾华文报史稿[M].北京:世界知识出版社,2006.

[97] 周宁.龙的幻象[M].北京:学苑出版社,2004.

[98] [英]阿雷恩·鲍尔德温.文化研究导论[M].陶东风,译.北京:高等教育出版社,2004.

[99] [美]E.M.罗杰斯.创新的扩散[M].唐兴通,等,译.北京:电子工业出版社,2016.

[100] [美]菲利普·科特勒.科特勒看中国与亚洲[M].罗汉,等,译.海口:海南出版社,2002.

[101] [美]拉里·A.萨默瓦、理查德·E.波特.跨文化传播[M].闵惠泉,等,译.4版.北京:中国人民大学出版社,2004.

[102] [美] 伊文思.社会化媒体营销技巧与策略[M].王正林,等,译.北京：电子工业出版社,2012.

[103] [新] 尼古拉斯·塔林.剑桥东南亚史[M].贺圣达,等,译.昆明：云南人民出版社,2003.

[104] [美] 乔舒亚·雷默.中国形象：外国学者眼里的中国[M].沈晓雷,译.北京：社会科学文献出版社,2008.

[105] [美] 詹宁斯·布莱恩特,苏珊·汤普森.传媒效果概论[M].陆剑南,等,译.北京：中国传媒大学出版社,2006.

[106] [美] 约翰·F.卡迪.战后东南亚史 [M].姚楠,等,译,上海：上海译文出版社,1984.

[107] [美] 约瑟夫·S.奈.硬权力与软权力[M].门洪华,译.北京：北京大学出版社,2005.

[108] 解读"丝绸之路经济带"和"21 世纪海上丝绸之路"[EB/OL]. https：//www.yidaiyilu.gov.cn/ztindex.htm,2017 - 02 - 18.

[109] 唐瑞峰.迎接智媒时代,三大央媒都有哪些动作[EB/OL] https：//www.sohu.com/a/339051936_351788.

[110] Twitter 财报：2017 年 Q3 Twitter 月活跃用户数 3.3 亿[EB/OL].http：//www.199it.com/archives/647092.html,2017 - 10 - 26.

[111] 天津海河传媒中心：媒体融合不保护落后,关闭 10 个子报子刊 6 个频道[EB/OL].https：//mp.weixin.qq.com/s/dgWjjmt45F8tfPTr2KzVdw.

[112] Goffman, Erving. Frame analysis：An essay on the organization of experience[J]. Contemporary Sociology, 1981, 4(6)：1093 - 1094.

[113] H.D. Wu,J. Groshek,M.G. Elasmar.Which Countries Does the World Talk About? An Examination of Factors That Shape Country Presence on Twitter[J].International Journal of Communication,2016(10).

[114] M. Zappavigna.Book review：Dhiraj Murthy, Twitter：Social Communication in the Twitter Age [J]. Discourse & Communication,2015,9(3).

[115] Shunqing Cao, Wenting Shi. A Tentative Expansion of Variation Theory：A Case Study on "One Belt and One Road"[J]. advances in journalism & communication, 2016，04(2)：67 - 74.

[116] Chris Buckley. Chinese Rights Lawyer's Trial Over Online Comments to

Begin Soon[N]. The New York Times,2015 - 10 - 10.

[117] Chris Buckley. Myanmar Is Issued Warning by Chinese Premier Over Bombing Deaths[N]. The New York Times, 2015 - 3 - 15.

[118] Didi Kirsten Tatalow, Vanessa Piao. Ending of One-Child Policy Takes Chinese to Social Media, and Some to the Bedroom[N]. The New York Times,2015 - 10 - 29.

[119] Edward Wong. China Issues Complaint After North Korean Defector Is Said to Kill 4[N]. The New York Times,2015 - 1 - 5.

[120] Blumler, Jay G. The Social Purposes of Mass Communications Research: A Transatlantic Perspective [J]. journalism quarterly, 1977, 55(2): 219 - 230. Nicholas Kristof. Dalai Lama Gets Mischievous[N]. The New York Times,2015 - 7 - 16.

[121] Cem Nalbantoglu. One Belt One Road Initiative: New Route on China's Change of Course to Growth[J]. open journal of social sciences, 2017, 05(1): 87 - 99.

[122] Shannon Tiezzi. The New Silk Road: China's Marshall Plan? [EB/OL] The Diplomat, November 6,2014,https://thediplomat.com/2014/11/the-new-silk-road-chinas-marshall-plan/.

[123] Thomas Fuller. Rebels Kill Dozens of Soldiers in Myanmar in Fighting Near Chinese Border[N].The New York Times,2015 - 2 - 13.

后　记

　　本课题历经 4 年才完成。研究时间延长了,内容也增多了。时间延长的直接原因是 2017 年 3 月"津云"(天津媒体融合项目)的诞生。因为想把互联网的内容加进去,几乎又多出了一倍的工作量。

　　天津媒体外宣工作调研得到了天津三大媒体集团及腾讯大燕网的大力支持,天津日报报业集团总编辑王宏、天津广播电视台国际频道总监李家森、腾讯大燕网天津新闻中心总监杨华军等接受课题组一行的访谈,课题组还受邀参加了今晚报社举办的海外项目推介会暨国际传播研讨会。面对面的交流,来自业界的一手资料,这些为调研报告的完成打下了坚实的基础。

　　课题组在 2016 年、2017 年多次实地调研,完成并发表了《2015—2016 年天津市媒体融合发展综述》《2017 年天津市"津云中央厨房"建设与融合创新》调研报告。调研期间,天津广播电视台研发部主任杨斌、《天津日报》考评中心主任李艳辉、今晚传媒发展研究所所长吴阿娟一直给予无私的帮助与支持,在此向他们表示衷心的感谢。

　　参加调研的有老师也有研究生,前前后后参加者近 10 人。他们分别是:天津师范大学津沽学院新闻系教师孙莹(现中国传媒大学传播研究院 2018 级博士生),天津师范大学新闻传播学院 2015 级研究生刘福笑、刘梦月、王泽帅,天津师范大学新闻传播学院 2016 级研究生王静依、杨卓娅等。

　　"天津外宣与国家形象"是由我的四位硕士研究生担纲的,这是他们的硕士毕业论文,也是课题的一部分。刘福笑完成了《2015 年〈纽约时报〉网站的中国报道研究》(第四章第一节部分内容),刘祎祎完成了《21 世纪以来 BBC 涉华纪录片中的中国形象呈现研究》(第四章第一节部分内容),刘梦月完成了《菲律宾媒体对华"一带一路"政策报道研究——以菲律宾〈商报〉〈菲律宾询问日报〉网页版为例》(第四章第一节部分内容),王泽帅完成了《框架理论下 China Xinhua News 2017 年"一带一路"报道研究》(第四章第二节),其中刘福笑的硕士学位论文还获得了 2017 届天津师范大学优秀硕士论文。课题完成过程中,他们坚韧不拔,每每收到修改意见,都拿出使命必达的劲头,数易其稿也不轻言放弃。

"天津外宣与互联网上的天津"这部分是从 2017 年 3 月开始着手撰写的。按照惯例,课题组进行了天津融媒体建设实地调研,又对天津外宣的目标受众进行了网络问卷调查,不过最具有突破意义和最有特色的当属大数据抓取和分析技术的使用。课题组委托中国科学院心理学所抓取了新浪微博上有关蓟县大火和天津港重大火灾事故的原创内容,课题组自己抓取了关于 2018 年天津"夏季达沃斯"和"外眼看天津"的相关内容,对突发事件和常规报道进行了框架分析;课题组采用清华大学的清博大数据分析了 2018 年微信平台上的天津媒体微信公众号矩阵,并将 2018 年北京"新京报"、上海"澎湃新闻"的微信公众号与"津云"等 6 家天津媒体微信公众号进行了比较;课题组选择 2017 年 1 月 1 日—4 月 30 日的"津政直通车"进行了词频分析。在此,要感谢中国科学院心理学所朱廷邵老师,没有 2018 年大数据心理学方法培训班的赋能,就不可能这么顺利完成"互联网上的天津"这一章。

为本书作出贡献的还有时任天津师范大学津沽学院教师、现中国传媒大学传播研究院 2018 级博士生孙莹,天津师范大学新闻传播学院 2017 级研究生吴靓、2018 级研究生陈永芳,在此一并表示感谢。

我的女儿殷月明在工作之余,承担了大量的家务劳动,兼任厨师、司机、理疗师、开心果数职。她是我的硬核支持者,总说:"去吧,别担心我。"遇到困难的时候总鼓励我:"你能行,干起来。"她就是我的阳光。需要谢的地方太多,就不谢了。

殷　莉

2019 年 10 月 10 日于汇英苑